99％の親子が知らない

人生が変わる！
新・教育論

石川幹裕
ISHIKAWA MOTOHIRO

幻冬舎MC

99％の親子が知らない
人生が変わる！　新・教育論

はじめに

三十歳を過ぎてから思いがけず教育業界に入り、一年のほとんどを生徒と過ごすようになって十年近くが経ちました。

「もう十年か」と思う一方で、「まだ十年か」とも思います。

いずれにしても、私にとってのこの十年は「教育とは何か」を考え続けた十年であり、現在でもその答えを日々追いかけています。


私がこの業界に入った経緯については、この本の中で追々述べていくことになると思いますが、初めから教育の根本や、いわゆる「受験・教育産業」の存在意義などについて考えていたわけではありません。

むしろ、目の前のこと、つまり生徒の点数を伸ばし、志望校に合格させるためにはどうすればいいのか、それだけを考えていたと言ってもいいでしょう。

各科目の問題作りや、各校の入試傾向を分析し、いかにして目の前の点数を上げ、合格に近づけるかを最大かつ唯一の目標にしていたということですね。

生徒やその親御さんは、定期テストの点数アップ、その先にある志望校への合格を期待しているわけですから、それに応えるため真っ直ぐに進んでいくのは、教育・受験業界に身を置く者の「本来の姿」であるのかもしれません。

しかし、なぜか三年ほど経ったころから、違和感、無力感に近いものを覚えることが多くなってきました。

「自分がやっていることは、本当の意味で生徒の役に立っているか」という疑問を感じ始めたからです。

言い換えると、「目の前の点数アップや合格を目指すことがそれほど大事なことなのか」という問いが頭から離れなくなってしまったのです。

「飢えに苦しんでいる人には、魚を与えるのではなくて、魚の捕り方を教えた方が有益だ」とよくいわれます。

当時の私は、自分が塾講師としてやっている仕事は「魚を与える」ことに過ぎない、つまりその場では喜んでもらえるけれど、後々の生徒の人生には役に立っていないのではないかと考えるようになりました。

逆説的に言えば、「困ったときにどこでも魚を捕れる技術を身につけさせる」ことこそが受験・教育産業の存在理由、役割ではないかと考えたわけです。

テストの成績を上げるため、志望校に合格するためのサポートを否定しているわけではありません。

私への依頼もほとんどが「成績を上げたい」「○○に合格したい」といったものです。

そして、私も依頼に応えられるように指導します。

しかし、単に成績を上げる、志望校に合格するだけでは意味がない。おもしろくない。

一から十まで指示を出し、手取り足取り教えるならば、誰でも点数は上がります。

でも、それは「魚を与える」行為と何ら変わりがない。その場限りのものです。

別に「その場限りでいいから点数を上げ、合格させてくれ」という人がいてもそれは個人の自由なので構いません。

「○点アップ保証」などを謳い文句にしている塾もあり、そのような塾が林立しているということは、それを求めている人も多いということなので、文句をつけるべきことではありません。

私は既存の塾や、大手のサービスを批判し、その対立軸を示すのではなく、私の考える「本当に生徒のためになる教育」が、世の中に受け入れられるか試してみたいと思い、どこにも属さず、自分の理想を追う道を選択しました。

目の前の点数を上げることや、志望校に合格するだけではなく、後々の人生でも本当に役立つことを教えていこう。

そう考えてフリーの家庭教師になり、何の実績もないところから、これまでたくさんの生徒を預けてもらい、現在に至っています。

どれだけ生徒の役に立ってきたかを自分で評価することは不可能です。

さらに言えば、役に立てたか否かは、預かった生徒が大人になってから困難に直面したときに、それを克服できる人になったかどうかで初めて判断できるものかもしれません。

この文章を書こうと思った理由は、これまでの約十年間で自分が考えたことや、失敗から学んだことを記録して何年後かに自身を振り返るため。

そして、これを読んでもらえれば、私が直接指導できない生徒や、うまくいっていない生徒、悩んでいる親御さんの役に立つかもしれないと考えたからです。

また何より、自分自身の考えが説得力のあるものなのかを、文章にすることで、もう一度確かめておきたいと考えました。

この本は、親御さんに向けて書いた第一部と、生徒に向けて書いた第二部に分けてあります。

親の愛情が子にとってどれだけ大切なのかは、誰もが知っています。

しかし、その愛情をどう表現すれば子どものためになるのかを知らない、もしくは子どものためにと思ってしていることが逆効果になっているケースをこれまでたくさん見てきました。

これは当然と言えば当然で、親は子どもにとって唯一の存在ではあるけれども、だからと言って、それが子どもにとって理想の教育を施される資格証明にはなりません。

むしろ、我が子への愛情ゆえに、理屈、理性よりも「感情」が優先されてしまい、結果的に子どもが自分の理想から遠ざかっていく事例は、枚挙に暇がないというのが実情です。

問題なのは、そのことに気付いていない人が多いことです。

いや、自分で気付くのが難しいところに問題の本質があるのかもしれません。

手を抜いてきたわけではなく、一生懸命、まさに命をかけて子どものために尽くしてきた。

それなのに、思い通りの結果が得られず悩む。悩み抜く。

私が家庭教師を引き受ける場合、基本的に「1回2時間、週に2回」です。

本当はもっと多くの時間を共有したい。

でも、引き受けることができる生徒の数と費用を考えるとこれが限界です。

生徒と相性が良く、自分の考えが生徒にうまく伝わる、そして生徒がそれを素直に実行してくれる場合、充分な成果が上がります。

しかし、残念ながら根気強く考えを伝えていっても理解してもらうのに時間がかかる、もしくはなかなか考えを受け入れてもらえない場合も少なくありません。

また、指導時間以外で、親御さんと面談を重ねても、表面的には理解してもらえたように見えても、根本的に納得してもらうのは困難な場合もあります。

指導先の生徒にも親御さんにもよく言うことですが、私が「１回２時間、週に２回」、顔を合わせて指導しても、たったの４時間です。

１週間＝１６８時間のうち、４時間。割合にすると３％未満。

したがって、誤解を恐れずに言えば、私と過ごす指導時間よりも、それ以外の時間をどう過ごしてもらうかが重要なわけです。

家庭教師として、生徒を一対一で指導し、成長させるのが使命であるにもかかわらず、第一部をあえて「親編」として書いたのは、これが理由です。

学校で過ごす時間がいくら長くても、家庭が生活の基本です。

それはなぜか。

親がいるからです。

子どもを愛するがゆえに悩む。そして、策を弄する。

その結果が自分だけではなく子どもの人生も歪めてしまうとしたら、悲劇というよりも、それはむしろ喜劇と言っていいでしょう。

子どもの能力を伸ばす、というよりも引き出すためには、まず親が自分自身と向き合う必要がある。

これが、今まで多くの家庭や生徒と向き合ってきた私の結論です。


言うまでもなく、これから書いていくことは私の価値観・考え方であって、それが万人に受け入れられるとは全く考えていません。

そのうえで、ひとつ望むことがあるとすれば、この本を自分の目の前にある問題について「考えるきっかけ」にしてもらいたいということです。

「考える」という行為は人間のみに与えられた特権に違いありません。


生徒に向けて書いた第二部でも、「考える」ということの重要性を繰り返し述べていますが、その前に子どもたちに向けて伝えておきたいことがあります。

それは、「今がどんな状況であろうと、まだまだ挽回可能だ」ということ。


人間の能力は、人によってそれほど違いがあるわけではない。

これは気休めではなくて、本当のことです。事実です。

では何が差を生んでいるかと言うと、「心」です。

「健全な体に健全な精神が宿る」というのは間違いで、「健全な精神によって健全な肉体になる」、つまり「健全で強い心が、健全で強い体と頭脳をつくる」というのが事実です。

生徒に向けても、僕がこれまで学んできたことをたくさん書いていこうと思いますが、何よりも大事なのは、この「心がすべてを決めている」ということ。

十代のうちに、これを実行・実践できなくても、知っておけば将来必ず役に立ちます。
必ずです。

これから書いていくことは、理想であり、キレイゴトであると思われるかもしれません。しかし、理想を求めることなくして、理想の実現はない。

私はこれからの自分の人生で、この本に書いてあることが単なる理想やキレイゴトではないことを証明していくつもりです。

目次

はじめに —— 2

第一部 親

1 何のために生きているのか —— 14
2 人間の根本的性質 —— 16
3 幼児教育の必要性 —— 20
4 最初で最大の教師 —— 23
5 土の中と外 —— 25
6 ひとり二役と二本の柱 —— 28
7 親が子にできること —— 34
8 「義務教育」 —— 39
9 価値観 —— 41
10 「好き」と「興味」 —— 46
11 遅れを取り戻すためにはどうすればいいか? —— 51

12 話し合う・待つ 57
13 私の失敗談 63
14 健康食品 68
15 健康食品の使い方「塾編」 73
16 健康食品の使い方「家庭教師編」 78
17 お金について 82
18 学歴の必要性 その1 87
19 学歴の必要性 その2 90
20 二兎を追う 94
21 アインシュタインの言葉 97

第二部 子どもたちへ

1 事後性の克服 112
2 「見たくないものを見る」人間になろう 115

3 「どんな子が伸びるんですか」 124
4 「人」から「人間」になる 128
5 多面的に見る・考える 132
6 一日の力、ひとりの力 138
7 目標ではなく目的を持って生きる 142
8 僕の黒歴史 151
9 僕の黒歴史　その2 156
10 天風先生 161
11 守破離 168
12 〇〇から離れろ 174
13 ヘリコプターの羽 182
14 仕事 190
15 「頑張りどころ」はどこか？ 202
あとがき 210

第一部 親

1　何のために生きているのか

人は自分の意思で生まれてくるわけではありませんが、生まれてきた以上は生きていかなくてはなりません。

自分の手で命を絶つ人がいるにしても、ほとんどの人は、生まれたら死ぬまでは「とにかく、とりあえずは生きていくしかない」。

これが普通、と言うより動物としての法則・摂理です。

しかし、これは考えてみると、ある意味では理不尽というか、不条理な話ではないでしょうか。いわば自然の摂理として、自分の意思に関係なくこの世にポンと産み落とされ、物心つくと、そのまま生きていく。いや、生きていかなければならない。

「なぜ自分はこの世に存在するのか」「何のために生きるのか」という根源的な疑問や不可解さを解き明かす学問である哲学や、あるいはその疑問や悩みを解決することを謳った様々な宗教が存在し、それを必要とする人がいるのは、必然と言ってもいいのかもしれません。

私たちは何のために毎日生きているのでしょうか。

こう問われて、即答できる人はそういないとは思いますが、考えてみると案外すぐに答えは出ると思います。

私たちは幸せになるために生まれ、そして生きている。

誰もこのことを否定できはしないはずです。

言い換えれば、「限られた人生の中で、できるだけ多くの楽しい時間を過ごす」ために生きている。

では、私たちが「楽しい」と感じるのはどんなときなのか。

これを考えれば、「楽しい」という言葉の本質的な意味が分かるだろうし、自分がどのような人間なのかを知る「よすが」にもなるはずです。

ポイント!

「人間は幸せに生きるために生まれてきた」ことを思い出そう！

2　人間の根本的性質

「あいつはSだ」とか「Mだ」とかいう言葉を聞いたことがあると思います。

Sは自分以外の誰かをイジメることに、また一方でMは、誰かからイジメられることに快感を覚える。ザっと言えばそう理解されています。

一説によると、ほとんどの人間は、SとM、両方の性質を持っていて、どちらか一方、いわゆる「ドS」「ドM」というのは、ほんの数％しかいないそうです。

話が脱線したようですが、ここからが本題です。

私たちが「楽しい」と感じるのは、どんなときなのか。

さらに言えば、「楽しい」とは具体的には、どんなことなのか。

言葉自体が持つ意味を考えてみるとそのヒントがあるのかもしれません。

私は「楽しい」と本質において同義である言葉は「充実」ではないかと思います。

充実しているときは楽しいと感じるし、楽しいときは、もちろん充実している。

したがって、できるだけ多くの「楽しい」時間を過ごすためには、自分の生活を「充実」させる必要があるわけです。

逆に言えば、充実させることができれば、それは楽しい時間を過ごすことに繋がるし、そのような時間が多いほど、「良い人生」だと言える。誰にでも分かる単純な理屈です。

興味深いのは、「楽しい」と「楽（らく）」は漢字こそ同じですが、本質的な意味は異なっているということです。

「楽しい」と「楽（らく）」は違う。

楽しいから楽になるのではない。

また楽だから楽しいわけでもない。

人間は誰でも楽をしたいと思うはずなのに、楽をしても楽しく感じるわけではない。

むしろ、人間としての能力を退化させてしまいます。

例えば、「親に楽をさせる」というのは、ある意味では親孝行の典型だと考えられています。

しかし、親が老年を迎えたとき、楽をさせ過ぎれば、認知症のリスクを増大させ、結果的に親だけではなく、周りの家族も不幸にしてしまいます。

要するに、「楽しい時間が多いほど人生は充実する」ということはいえても、「楽（らく）な時間が多いほど人生は充実する」とは決していえはしないということです。

私は、ここに人間という動物が持つ本質的な特徴があると思います。

だらだらと過ごして食事の時間になったから漫然と食べるごはんよりも、体を動かしたあとや、一仕事終えたあとに食べるごはんの方が絶対においしい。

夏のお風呂も悪くはありませんが、やはり冬の寒い時期に入るお風呂には、夏には味わえない気持ち良さがあります。

つまり、自分を追い込むと言えば大げさかもしれませんが、自分に何らかの「負荷」をかけた後に、快感を覚え、充実を得るのが、人間の本質なのではないか。

さらに、私たちが生きている中でのことを思い浮かべれば、当てはまることはいくつもあります。

何か自分で決めたことを最後までやり切る。やり遂げる。

自分以外の人のために努力し、役に立って喜んでもらう。

トレーニングを続けて体形を維持する。

困難な仕事をやり遂げて成果を上げる。

これらすべてに当てはまるのは、どれも「自分に負荷がかかることをした後に、快感や充実感を得ている」ということです。

考えてみると当たり前のことなのに、なぜ同じ人間でも「楽しく充実した時間を過ごす人」と、「楽（らく）をしてモヤモヤした時間を過ごす人」に分かれるのでしょうか。

私は、この「人間は本質的にドMだ」ということを、ほとんどの人が知らないのではなく、考えずに、あるいは見て見ぬふりをして過ごしているからではないかと思います。

「人間は本質的にドMだ」と言えば、少し表現に問題があるかもしれませんが、要するに「人間は何か努力をして生きていなければ、楽しさを感じることができない（充実を得ることができない）動物である」ことを子どもに伝え、また体験として知ってもらうことは、彼らにとって大きな財産になるのではないでしょうか。

ポイント！

「こころから楽しい」と感じるときはどんな時かを親子で話し合ってみましょう！

3　幼児教育の必要性

性善説に基づいて考えた方が楽だろうし、またそう信じたいとも思いますが、「人間誰もが持って生まれてくる心は善である」と本気で考えているとしたら、あまりに能天気というか、無責任ではないかと思います。

とは言え、逆に「人間は生まれたとき邪悪な心を持っているので、それをしつけや教育によって矯正していかなければならない」という考えに同意できるわけでもない。

そう考えると、「人間は生まれてきたときは真っ白、ゼロの状態である」とした方が、何となく納得できるような気がします。

真っ白、ゼロの状態で生まれてくるのであれば、下書きをして、色をつけ、一枚の絵画に仕上げていくのが人生ということになるでしょう。

おもしろいのは、その下書きをするのは自分ではない他者である場合がほとんどだということです。

その他者とは第一に親ですが、乳児から幼児へと育っていく過程で、その他者に保育園、幼稚園や小学校の先生が加わることになります。

どんなに生まれつき知能が高くても、賢くても、自分の人生の下書きは他者に委ねざるを得ません。しかもその他者を自分で選ぶことはできない。

これはある意味で、不公平、不条理と言ってもいいと思います。

では、「下書き」に当たるものは何なのでしょうか。

日本語もままならないころからの英語教育を推奨する会社や、幼児教育専門の塾、もしくはモンテッソーリ教育を看板に掲げる幼稚園などが一定の人気を得ている状況を見ると、「下書き」を幼児教育と考えている人が多いことが分かります。

しかし、それらの教育はなくてはならないものなのでしょうか。

さらに言えば、それらの教育が後の人生でどれだけ役に立つのでしょうか。

特別な幼児教育を受けられなければ、その後の教育や進路、人生にマイナスなのかと問われると、私はそんなことはないと思います。

私がこれまで見てきた中でも、幼いころから特別な教育を受けてきた生徒はいましたが、その教育が「なくてはならないものだった」と感じたことは一度もありません。

好むと好まざるとにかかわらず、人生の最初の下書きをするのは、自分でない他者であることはすでに指摘した通りですが、一枚の絵画のできが下書きによって決定されるわけではないこともここで強調しておきたいと思います。

ましてや、その下書きが「特別な下書き」である必要は全くないと断言してもいい。あったらあったでいいけど、なくても困らない。

幼児教育を例えると、アクセサリーのようなものだと思います。

人生を一枚の絵画に例えたとき、それを満足できるものに仕上げるためには、途中で必ず直面する行き詰まりやスランプを乗り越える「人間的な地力」がなければなりません。

一部でもてはやされる幼児教育が果たして「人間的な地力」を育てるために役立つのか。

そもそも幼児のころに受けた「特別な教育」が、長じてからの学力や情緒にどれだけの影響力があるのか。

教育分野での厳密な対照実験が困難である以上、幼少期の「特別な教育」の成果・評価について科学的に証明することは不可能です。

しかし、様々な分野で大きな業績を残した人物の多くが、必ずしも幼少期に特別な教育を受けたわけではないという事実から推測すると、やはり「あったら便利だけど、なくても困らない」という域を出ないと考えるのが自然ではないでしょうか。

それよりも、これから私が述べていく「簡単ではないけれど、どんな人でも、どんな家庭でもできること」を実践していく方が、「特別な教育」を受けさせるよりも高い確率で「うまくいく」と思います。

では、「簡単ではないけれど、どんな人でも、どんな家庭でもできること」について説明していきましょう。

ポイント

特別な幼児教育よりも大事なものがあるはず。それが何かを考えてみましょう！

4　最初で最大の教師

特別な幼児教育が必要ないのであれば、逆にどのような教育が必要とされるのか。また、その教育を施すのに適当だと思われる人はどのような人なのか。またどのような場所なのか。

先述したように、生まれてから、いわゆる「自我」が発生するまで、私たちは他者に人格の形成を委ねています。

もちろん、持って生まれた性格というものがあることは認めますが、それを良い方に活かすか、また逆の結果になるかの鍵は、他者が握っていると言っていい。

控えめに言っても、性格の形成には、いわゆる「持って生まれたもの」以外に、他者が多少の影響を及ぼすことは間違いありません。

その他者とは、最も愛情を注ぎ、かつ最も長く同じ時間を過ごす人です。

これに当てはまるのは、ほとんどの場合「親」になるかと思います。

繰り返しますが、幼い子どもに最も大きな影響を及ぼすのは、「最も多くの愛情を注ぎ、かつ最も長く同じ時間を過ごす人」であるに違いありません。

私がどのような幼児教育もアクセサリーに過ぎないという理由は、ここにあります。

例えると、親の教育、（というより及ぼす影響）は「毎日の食事」であり、外で受ける幼児教育は「健康食品」もしくは補助的な「サプリメント」ということになるでしょうか。

いくら品質が良い健康食品でも、それはあくまで補助的なものでしかなく、毎日の食事が充実してこそ、心と身体が健全に育ち、また健康を保つことができます。

したがって、親（もしくはそれに近い存在）こそが「最初で、かつ最大の教師」たり得る唯一の存在であり、また家庭こそが教育を施す最適な場所なのです。

ポイント！

親と家庭が全ての教育の基本です。

5　土の中と外

それでは、子どもに最も大きな影響を持つ存在である親は、子どもにとってどのような存在であるべきなのでしょうか。

私たちがひとつの命として母親の胎内で10か月をかけて生長しているときを、植物に例えると、ひとつの種が土の中で発芽を待つ状態であると言えるでしょう。

そして、出産が発芽であり、その後の成長は葉や茎が伸び、やがて花が咲く過程と同じです。

こう考えると、親という存在は、植物における「土」と言っていいと思います。

同じ生物でも、動物と植物という違いはありますが、その成長の過程は驚くほど似ています。

もちろん、植物で「親」に当たるのは生物学的には、精細胞と卵細胞に違いないので、親を「土」に例えるのは少々無理があるかもしれません。

しかし、土なくしては植物が育つことはないわけですし、種子が発芽するまでは文字通り「包み込んで」育てる、そして発芽して生長していくにつれてその役割は変わるにしろ、ずっと繋がっているところなど、まさに「親と子」の関係といえるのではないでしょうか。

もちろん、土さえあれば植物が育つというわけではありません。

植物の生長には、水、空気、日光、適切な栄養が必要です。

これらは生長の過程で必要な量も質も変わります。

私は、親という存在を「土」に例える一方で、学校を始めとする外部の教育は、日光や水、栄養に当たるのではないかと考えています。

どれも大切なものです。

けれども、それらはあくまでしっかりとした土壌があってこそ最大の効果を発揮するという事実を、まず親が認識し、覚悟する必要があります。

子どもにとって、最も影響力を持ち、唯一の「土」である親は、良い土壌を保つために、自分で自分を耕していかなければなりません。

他に耕してくれる人はいないからです。

これまでの指導経験の中で、親が何かと「子どものために」と理由をつけては、自分の見栄やエゴのために子どもに不必要な負荷をかけ、その結果として子どもはもちろん、親自身も不幸な結末になった例をたくさん見てきました。

それらの中で、ただひとつの例外もなく共通していたのは、親が自分自身を耕していなかったということ。

言い換えれば「自分を鍛錬していなかった」ことです。

子どもを育てるために、まず親が「土」である自分自身を耕す。

立派な樹を育てるために豊かな土壌が必要だと分かるのであれば、子どものために、まずは自分を耕す。磨く。

その土壌で育った子どもが成人して社会に貢献する姿を見たとき、誰よりも誇らしいのは「土」である親に違いない。

つまり、子どもを健全に育てるために自分を鍛錬し、耕して、結果的に最も得（？）をするのは親自身であるとも言えるわけです。

子どもに何を教えるか、どういう道に進ませたいかを考える前に、まず自分自身が子どもから見てどういう存在であるべきなのかを考え、その結果として自分自身が「豊かな土壌」たるべく常に耕し続ける。

簡単なようで難しい。でも、難しいようで簡単なのかもしれない。

誰でもできることなのに、ほとんどの人がやっていない。

だからこそ、やってみる価値があるのではないでしょうか。

ポイント！

自分を耕せるのは自分だけ！

6　ひとり二役と二本の柱

親は「土」であると述べてきましたが、もちろん親も「土」である前に、ひとりの独立した人間（樹）です。

したがって、親になるということは一本の樹でありながら、子どもを包む土としての役割も果たしていくことになります。

言い換えれば、自分の人生を充実させながら、なおかつ子どもの成長を助け教育していく立場です。

そして、自分の人生を充実させることと、子どもを教育することは不可分であり、ある意味では同義であると言ってもいい。

それはそうでしょう。

自分の人生を充実させることができない人が、他者を教育できることなどありはしない。いくら自分の子どもとはいえ、他者であることに変わりはありません。

では、親が、というより人間が自分の人生を充実させるためには何が必要なのか。

子どものお手本になるためではなく、自分が幸せに生きていくために必要なことは何なのでしょうか。

私は、この本の主題にもなっている「自立と自律」が大きなポイント、指針になると思います。

自立していること。

自律できていること。

これが二本の柱です。


私がここで言う「自立」は、単に経済的な援助を、親を含めた他者から得ていないというだけではなく、精神的・思考的な自立を指します。

言い換えれば、自分の頭で考え、自分の言葉で話すということです。

これは容易なようで、かなり難しい。

現代社会では、とにかく情報量が多いからです。

インターネットの普及後はそれに拍車がかかっています。

このような状況では、相当に注意していないと、自分にとって都合のいい情報のみを無意識に選択し、さらにはそれをあたかも自分の意見であるかのように扱ってしまう危険性があります。


これは単に他人の意見に流されるということではなく、自分の頭で考えることができなくなっているということに他なりません。

さらに怖いのは当人に自覚がないまま、この状態に陥ってしまうことです。

つまり、自分の頭では何も考えていないにもかかわらず、「自分は何かについて考えている」「何かについて知っている」と錯覚してしまう。

これは、なかなか恐ろしいことではないでしょうか。

冒頭でも述べましたが、「考える」という行為は、人間だけが持つ特権です。

自分とはどのような存在なのか。

自分がいま置かれた状況には、どのような原因があるのか。

また、状況が良ければそれを継続する、悪ければ改善するためには、何が必要なのか。

他者との関わりにおいて、自分はどうあるべきなのか。何をするべきなのか。

このように、「常に考える、自分で考える」という訓練をする、言い換えれば、「クセ」をつけることで、情報の真贋を見極める力がつくだけではなく、答えのない問題について考える楽しさも味わうことができるようになるはずです。

繰り返しますが、「自立」とは、経済的な自立ではなく、常に自分の頭で考え、判断するという精神的・思考的な自立であるに違いありません。

経済的に独り立ちしているとしても、「自分の頭で考える」ことができない人間が果たしてひとりの自立独立した人間といえるでしょうか。

さらに言えば、最近しきりにもてはやされている「個性」なるものも、実は「自立」と不可分なものであるに違いありません。

さてここからは、もう一方の「自律」について考えてみましょう。

「自立」が能動的というか、専ら自分の意志で進めるものであるのに対して、「自律」は何か外部からの動きや、自分の中にいる「もうひとりの自分」の動き、誘惑に対しての行動です。簡単に言えば、「誘惑と戦う」「誘惑に勝つ」という行為です。

もっと食べたい。もっと飲みたい。もっと眠りたい。もっと遊びたい。

考えてみると、私たちの日々の生活は、諸々の誘惑と隣り合わせであり、無意識のうちにそれらの誘惑と戦って、勝ったり負けたり、また、ときには意識的に戦いを避けたりしながら生きているといっていいでしょう。

ここで強調しておきたいのは、先に述べた「自立」と「自律」とは、内部で密接に繋がっているということです。

つまり、常に自分の頭で考え、判断し、その中で自分にとって最も適切な行動を選択していくという「真の自立」ができていれば、自然に自分を律することができるようになるわけです。

逆に言えば、「自律」できているということは、「自立」していることの証明になるのかもしれません。

誤解のないように付け加えておくと、「自律」は何も自己鍛錬を目的にしているわけではないということです。

つまり、「自分を律する」こと自体が目的なのではなく、あくまで「結果としてそうなる」のが理想であるといえる。

例えるなら、身体を鍛えるという行為は、鍛えることそれ自体が目的なのではなく、自分の健康や、またそれが周りに与える影響を考えた結果、自然と生まれる行為であるのが理に適っている、というより、それが本来の姿であるに違いない。

したがって、やはり「常に考える」という行為が根本であり、スタートです。

何かについて常に自分の頭で考え、自分の意見を持つ。

世間で正しいと思われていることについても、本当にそれが正しいのか、なぜ正しいと言えるのかを考え、子どもにも意見を求めてみる。

そして、子どもの意見を尊重しながらも、正当な批判をし、また自分も子どもからの批判を謙虚に受け止める。

親という立場を振りかざしているだけで子どもが育つのであれば何の苦労もいりません。

親として子どもの健全な成長を望むのであれば、まず自分が人間として真に自立し、また自律できる人間になれるよう努力する。

遠回りなようで、実はこれが最も近道であり、かつ確実な効果を発揮する方法だと思います。


ポイント!

親である前に、まずひとりの「自立した人間」であれ!

7　親が子にできること

よく言われることですが、親という字は「木の上に立って見る」と書きます。

前述したように、私は親を、植物を包み育てる「土」に例えました。

共通しているのは、双方とも外から積極的に関わるというよりは、本来はどちらかといえば受動的、もしくは補助的な存在であるというところです。

というより、親であれ土であれ、それ自体が目立つ必要は全くないし、さらに言えば、目立たないからこそ本来の役割を果たすことができるに違いない。

誤解を恐れずに言えば、親は子どもに何か教えを授ける存在である必要はないのです。

それよりも、まずは何よりも自分の人生を充実させられるように努力する。

そうすれば、良い「土」となって子どもを包むことができます。


言うまでもなく、子どもは親のおもちゃではありません。

したがって、自分の果たせなかった夢を子どもに託す、また自分の理想とする生き方を子どもに強要することは、理不尽というより、愚の骨頂というべき行為です。

これも前に述べましたが、私がこれまで出会ってきた中にも「将来、子どもが困らないように」という表向きの理由で、子どもを自分の思い通りにしようとする保護者はとても多かった。


地元のトップ校に入学してほしい。

医師を目指してほしい。
○○大学に行ってほしい。

子どものためと言いながら、その言葉の底に潜んでいるのは、自分（保護者）の見栄・プライド、さらには将来の「自分の」安定です。

要するに、「子どものため」と「自分のため」を完全に混同しているわけです。

子どもと親の目標が一致していれば問題ないのではないかという反論もあるでしょう。例えば、子どもをプロ野球選手にしたい。子どももそれを望んでいる。子どもが医師を目指している。親もそれを望んで応援している。それらの夢が実現すれば、子どもも親もハッピーじゃないか。

私はそのこと自体を否定しているわけではありません。

特にスポーツの世界では、マンガの中にあるようなサクセスストーリーが現実にあり、それらを見て私たちは感動するし、また、親子で医師を目指してそれが実現すれば、それはそれで賞賛に値することでしょう。

しかし、ここでよく考えてもらいたいのです。

プロ野球選手になっても、医師になっても、そこがゴールではなくて、社会人として世に出てからの人生の方が圧倒的に長い。

そして、傍から見て華やかであるほど、中では過酷な競争があり、その地位、立場を維持するためには、考えられないほどの努力が必要なことも、よほど能天気でなければ分かるはずです。

そしてさらに大切というか根本的に考えなければならないのは、仮に親子で目標にしてきた学歴や地位、ブランドを手にしたとしても、それが人生の充実や、幸福と繋がっているとは限らないということです。

繋がっているとは限らないというより、直接的には何の関係もない。

したがって、親子で何か共通の目標を持って努力することが、親として子にできる最も大切なことであるはずがないのです。

私が、親が子にできることとして最も重要だと思うのは、「自分の姿を見せる」ことです。

言い換えれば、「自分の生き方」を見せるということ。

自分の姿、生き方には、過去、現在、未来があります。

自分がどのような失敗をしてきたか。

それをどのように乗り越えてきたか。

今の自分はどうなのか。満足しているのか、そうではないのか。

これから先、どうやって生きていこうと考えているのか。

これらを、「最も愛情を注ぎ、最も多くの時間を過ごしてきた他者」として、子どもに伝える。

簡単なようですが、これは自分を耕し続けている人でなければできないことです。

親が「自立と自律」を実践できていれば、これらを伝える資格もあるはずだし、言わずとも自然に伝わっていくに違いありません。

逆にそうではない、漫然と生きている人が伝えようとしても伝わりもしなければ、何の説得力も持つはずがないし、何より聞いていて面白いはずがない。

「自分の姿、自分の生き方を見せる」

親が子にできることは、これだけで充分ではないかとさえ思います。

むしろこれ以上のことをやれば、「過ぎたるは猶（なお）及ばざるが如し」という結果になるのではないでしょうか。

あとは子ども自身に考えさせ、選択させればいい。

それが子どもをひとりの独立した人間として認める証でもあります。

ポイント

「自分の生き方」を子どもに見せることができますか？

8「義務教育」

日本では憲法や教育基本法において、義務教育を九年と定めています。

よく勘違いされますが、この「義務」とは子どもたちに課せられているものではなく、国民（親）に課せられているものです。

「すべて国民は、法律の定めるところにより、その保護する子女に普通教育を受けさせる義務を負う。義務教育は、これを無償とする」（憲法第26条第2項）

ここで法律について詳しく述べる知識も気持ちもありませんが、子どもたちに「中学校までは勉強するのが義務だぞ」というのは根本的に間違っているということだけは確認しておいてもらいたいと思います。

子をもつ親は、子どもに普通教育を「受けさせなければならない」。

つまり、中学校までは勉強「させなければならない」わけです。


「勉強しないと視野が狭くなる。勉強しないとわずかな知識だけで、この世の仕組みを仮定して、【分からない】を埋め立て始める。分からない物の多さが分からないから、何でも知っている気になってしまう」

これはある中学校の校長先生の言葉です。

憲法で教育を「受けさせる義務」を規定しているのは、つまりこの先生が言われるような人間を作らない、増やさないためではないでしょうか。

言うまでもなく、国家は個人の集合体です。

したがって、個人のレベルが上がれば、国家のレベルも上がる。

これは単に経済規模を示すＧＤＰや、景気状況を示す指標のひとつである失業率などの数字が上昇・改善するということではなく、国としての「底力」が上がるということを意味します。

現在の日本で「国家の発展のために教育を受けさせる」という家庭も学校もありはしないと思いますが、国が教育に大きな予算を投じていることは事実ですし、またそれは先進国として最低限の水準を保つために必要な経費だと言える。

義務教育とは、端的に言うと、国が「最低このレベルの知識だけは修得して社会に出てもらいたい」という水準を示したものです。

そのような視点で見ると、日本の義務教育においての教科のレベルは、おおむね妥当というか、「社会に出るに当たって最低限の知識・教養をつける」という目的に適ったものであると思います。

すなわち、「誰でも理解・修得できるレベル」ではあるけれども、「誰でもできる程度の努力をしなければ理解・修得できないレベル」です。

この「難しくはないが、簡単でもない」というレベルは国民すべてに「受けさせる」という意味で、とても重要ですが、それ以上に、十五歳までの子どもに、「自立と自律」を身につけさせる教材という面でも絶妙なレベルであると私は思います。

ポイント!

「義務教育」のレベルと意味を正しく理解しましょう！

9　価値観

さて、問題はその義務教育を、「どうやって受けさせるか」です。

人間の脳が最もストレスを感じるのは、「何かを強制的にやらされたとき」だということが脳科学で証明されています。

「やりなさい」

「やらないといけない」

これは大人でも子どもでも心理的にはもちろん、知らぬ間に脳にまでストレスを与えています。

子どもの教育に少しでも関心がある人であれば、子どもに「勉強しなさい」というのは無意味だということを知っていると思います。

にもかかわらず、ほとんどの親が子どもに「勉強しなさい」というのは、不思議としか言いようありません。

理由として考えられるのは、ふたつあります。

まず、「自分の子どもは特別だ」と考えている。つまり、自分の子どもだけには「勉強しなさい」に一定の効果があると思っている。

もうひとつは、前に述べたように、「子どものため」と「自分のため」を混同している、もしくは、「子どものため」が完全に「自分のため」になっている。

要するに、頭では言わない方がいい、言っても無駄だと分かっていても、自分の見栄や精神的な安定のために言わずにいられない。


子どもの将来のために自分ができることは何か。

やらない方がいいことは何か。

自分の感情を優先させて子どもと接していないか。

「自立と自律」を実行している親なら、子どもに「勉強しなさい」と言うはずがありません。

子どもにも自分にもメリットがないことは考えたら分かるからです。


話を戻します。

教育を受けさせることを義務づけられた親が、強制することなく、子どもが自発的に勉強に向かうには何が必要か。


ポイントになるのは「価値観」だと思います。

「自分が取り組むことにはどのような価値があるのか」ということを理解してもらう。そのために親は根気強く説明しなければなりません。

それは「勉強しないと将来的に困る」とか「勉強できることは偉いことだ」だとかいうことではなく、単に「勉強すること、努力することは生きていくうえで普通のこと」だという価値観です。

言い換えれば「普通のことを、普通に頑張れないということは恥ずかしい」という感覚、価値観を親子で共有する。

当然ですが、ここまで繰り返してきたように、親がそれぞれの立場で「普通に努力している」状態でなければ説得力はゼロ、というよりマイナスになることは言うまでもありません。

ですから、「誰でもできる程度の努力をすることは普通だ」という価値観、感覚について親が説明し、教え、体現していれば、子どもはそれを自然に真似するようになるのではないでしょうか。

結果的に、全くゼロにはならないにしても、子どもに「勉強しなさい」という機会は減るだろうし、それはいうまでもなく親子ともにメリットがあることに違いありません。

書店に行くと子育てや教育・指導方法に関する本が山のように積まれています。

時代の流れなのか、子どもに対して厳しく接するべきという趣旨の本はほとんどなく、大部分は「褒めて伸ばす」とか「○○と言えば子どもが変わる」とか、要するにテクニックについての本です。

それらの本に全く効果がないとは言いませんが、私からすればあまりに子どもをバカにしているのではないかと感じます。

子どもの感性を侮ってはいけない。

本気で褒めているのか、テクニックで褒めているのか、子どもはいつの間にか見抜くようになります。そのあとどのような結果が待っているかは、推して知るべしとしか言いようありません。

人間として普遍的な価値観、言い換えれば誰もが考えたら分かる人生のコツ（つまり、生きていくことは努力することと同義であるということ）を、親が実践して見せることが、結果として「教育を受けさせる」、つまり憲法で規定された親の義務を果たすことに繋がっていくのだと思います。

ポイント！

親子で「努力すること、勉強することの価値」について話し合ってみましょう！

10 「好き」と「興味」

例えば人を好きになるにしろ、何か特定の分野を好きになるにしろ、「好き」という感情が生まれる前に、まずは「興味」を持つはずです。

もちろん、「一目惚れ」という言葉があるように、一気に好きになることもあるとは思いますが、まずはその人なり分野なりに興味を持って、徐々に好きになっていくほうが、その感情が長続きする可能性が高いような気がします（これは私の主観に過ぎませんが）。

したがって、子どもが自発的に勉強するようになるためには、まずは教科の内容に「興味を持たせる」ことがスタートだと言える。

それは、人間が本来なら誰でも持っている「知らなかったことが分かるとうれしい」という、いわば知的本能を呼び覚ますきっかけでもあります。

そして、「またか」と思われるかもしれませんが、そのきっかけをつくる役目に最も相応しいのはやはり親だろうと思います。

これまで述べてきたように、子どもに最も大きな影響を与える存在は親です。

ですから、例外はあるにしても、親が興味を持つものに子どもは自然と興味を持ち、親が好きな歌を自然に覚え、親が嫌いな食べ物を自然と避けるようになる。

生物学的な根拠があるわけではありませんが、親から影響を受けるというよりも、親と価値観を共有することによって、アイデンティティーを確立していくのが人間の本能なのかもしれません。

いずれにしても、親が学校の勉強に対して、それ以前に知識を得ることについて無関心であれば、子どもが学ぶことや知識を得ることに価値を認め、興味を持つ可能性が相対的に低くなることは確かです。

冒頭でも少し述べましたが、私は人間の生まれ持った能力や知力にそこまで大きな差はないと思っています。

一方で身体能力は持って生まれた力、つまり遺伝による影響が大きい。

身体の強さや運動能力には、育った環境や努力だけでは追いつけない歴然とした差があります。

能力、知力についても遺伝の影響が大きいという人がいますが、それはきっと親の学歴や年収と、子どもの学力に相関があるのを根拠にしているのだと思います。

確かに親の学歴や年収と、子どもの学力には関連性はあります。

しかし、これは相関関係であって、因果関係ではありません。

つまり、親の学歴や年収が高いという理由で、子どもの学力が高くなるのではなく、あくまで結果としてそうなっているということです。

親の能力と子どもの能力を直接結びつける遺伝的根拠、理由はありません。

その証拠に、学問や芸術の分野において、親子で大きな業績や、後世に残るような作品を残した例は歴史的に見てもほとんどないと言っていい。

企業にしても、経営トップを世襲によって選び続けた会社が繁栄を続けた例は、特に大企業においては皆無でしょう。

仮に「知能」が親子の間で遺伝するとしても、社会的に成功するために必要な能力や、人間的な魅力は「知能」だけで育まれるものでありはしない。

もしそうであれば、この世の中はもっとつまらないものになります。

生まれる前に能力で人生のほとんどが決められるのであれば、環境や努力は意味をなさないことになるからです。

したがって、「社会的地位や年収の高い親の子どもは学力が高い」のではなく、「社会的地位や年収が高い親は常に自分を耕している（磨いている）人が多いので、結果として、そのような親の姿を見ている子どもは勉強するようになる」という方が正しい分析ではないかと思います。

親に限らず、自分を磨いている人は様々なことに対して常に興味や疑問を持ちながら生きている。常に考えながら生きている。

逆に言えば、様々なことに関心・興味があるからこそ、それぞれの立場で能力を発揮できているのだと思います。

普通に考えて、そのような親の元で育った子どもが、自分の周りで起こる諸々の出来事に興味を持たないはずがありません。

親も、自分の子どもが様々なことに興味を示すことを歓迎するだろうし、またさらに興味を持つよう促すに違いない。

その結果どのようなことが起こるかというと、学ぶことと日常の境目がなくなります。

「さあ今から頑張って勉強しようか」ということではなく、いつも無意識に何かを学ぶというクセがつくわけです。

例えば、クルマに乗っていたら必ず目につくのが道路標識や案内板です。

「あの漢字は何と読むんだろう」

「Kumamoto central で熊本市中心部という意味になるのか。center は中心という意味だけど、やっぱりちょっと似てるな」

「時速60㎞はこれくらいの速さか。この速さで1時間走ったら60㎞進むんだな」

これらは勉強ではなく、興味から生まれる疑問や学びです。

しかも自発的な疑問だから何のストレスも感じません。

単に「知りたい」という興味・好奇心が結果的に「学び」に繋がっているわけです。

日常の中で「無意識に学ぶ姿勢」、言い換えれば、勉強していない（机に向かっていない）けれども勉強している状態が理想的です。

ただし、断っておきますが、このように日常から興味をもつ子どもに育てば、毎日自分から喜んで勉強するようになるかと言われれば、そうではないと思います。

マンガのようにうまくいくわけではありません。

むしろ、何にでも興味や疑問を持つがゆえに、学校の勉強がおろそかになる可能性さえあります。

しかし、それはそれで構わないのではないかと私は思います。

親が驚くほど従順で、何にでも興味を持ち、好奇心旺盛で、学校の勉強もトップクラス。

つまり、何の蹉跌も踏まずに成長するということは、失敗に対する「免疫」が弱いままに成人することにも繋がります。

これはある意味では不健全であって、寄り道しながら成長するほうが自然であり、何より、本人でさえ気付かない才能（これこそが本当の「個性」といえるのかもしれません）を引き出すきっかけになるに違いない。

親は何よりもそのことを忘れずに、目の前の成績や点数に一喜一憂することなく、とにかく諸々のことに興味や疑問を持つように導き、促すべきだと強く思います。

ポイント

子どもに「好き・おもしろい」と思ってもらうにはどうしたらいいか考えてみましょう。

11　遅れを取り戻すためにはどうすればいいか？

ここまで書いてきたのは、子どもという一本の樹を育てるのには、親は「土」として自らを耕し続ける必要があること、そして「土」として何をすべきか、せざるべきか。

またどのように接していく必要があるかなどを述べてきました。

私が家庭教師として、たくさんの家庭を見てきた中での、ひとつの結論であり、理想でもあります。

ただ、ここまで読んでこられた方の中には「いや、そんなことを考えるにはもう遅い時期だと思うんだけど……」とか「今がまさにつまずいている状態なんだけど、その場合はどうしたらいいんだ」と思った方もおられると思います。

そこで、ここからは、実際にいま悩んでいる方や、これからどうしようかと考えながらも具体的な解決策が見つからない方に向けて書いていこうと思います。

いま、うまくいっていない・つまずいていると思われている親御さんがまずやるべきことは、「子どもがいまどのような状態にあるのか」を確認し、それをしっかりと認めることです。

端的に言えば「やればできるのに……」「小さいころは○○だったのに……」などの考えは一切捨てる。

これは簡単ではありません。

しかし、過去でも未来でもなく、まずは現状をしっかりと認めないことには先に進むことは非常に難しい。

スポーツでも勉強でも、仕事でも人生でも、うまくいかないときはまず自分の立ち位置、状態を客観視する、認めることが、改善・進歩への第一歩であるに違いありません。

人間は元々、見たいものしか見ない、逆に言えば、見たくないものは見ることを拒否する生き物です。

身近な例をあげると、ダイエットをしないといけないと自分で分かってはいても体重計に乗ることを避ける。

または、毎月家計が苦しいと言いながら、家計簿などお金の流れをチェックしようとはしない。

つまり誰もが、現状を見ること、認めるということを避けたい。

そして、なまじ知力があるがゆえに、自分に都合の良い理由や言い訳を考えつくのがとてもうまいというのも、有り難くない人間の性質のひとつです。

これら人間が元来持っている性質に逆らうのはとても大変なことですが、自分でも子どものことでも現状を打破し、状況を好転させるには、まずここからスタートさせるしか方法はないと言ってもいい。

くどいようですが、これは本当に難しいことです。

しかし、ここを曖昧にすると、必ずまたつまずきます。

同じことを繰り返したくなければ、何としても自分が見たくないものを見なければなりません。

難しいとはいうものの、やることは非常にシンプルです。

まずは現状の成績をしっかりと確認する。

このとき、楽観視し過ぎることも、またその逆も良くありません。

とにかく、「今の順位は○○番で、志望校に合格するためには、順位にすると○○番、点数にして○○点上げないといけない」ということを、「親子で確認する」。

そして、その原因がどこにあるのか、どのあたりでつまずいているのか、毎日の生活に問題はないかを「親子で探っていく」。

言うまでもなく、このときに詰問するような口調になったら振り出しに戻ります。

と言うより、原因を探っていけば、それが子どもだけにあるのではないということは、よほどバカでない限り分かるはずで、それが分かれば子どもを一方的に責める口調になることはないでしょう。

子どもの現状がうまくいっていないのは親にも責任に一端があることを認めることで、子どももも現状とその原因を受け入れやすくなります。

ケンカをしたとき、まずは自分の非を認めたほうが相手も謝罪しやすくなるのに似ていますね。

次にやるべきことは、「長期戦を覚悟する」ことです。

言い換えれば、「一歩ずつ進んでいくしか解決策はないことを自覚する」ことです。

この気持ちを固めなければ、小さな進歩を見落としてしまいます。

改善や進歩があれば、たとえ少しでも正当に評価する。

大げさに褒める必要がないことは先に述べた通りです。

しかし、進んだ分はしっかり評価しなければ、大きな前進は望めません。

現状がうまくいっていない状態を例えるなら「病気で寝込んでいる」状態です。

もういちど全力で走れるようになるためには、無理やり起き上がらせてトレーニングさせるよりも、まず栄養をつけ、基礎体力をつけることが大切であることは考えれば誰でも分かります。

しかし、ほとんどの親御さんは、「早く全力で走っている姿を見たい」という欲求に勝てません。

栄養状態が改善されて（精神的に落ち着きを取り戻して）、少しずつ体力が戻ってきても（勉強をやり始めて基礎学力がついてきても）、「なぜもっと速く走れないのか（なぜもっと成績が上がらないのか）」という評価をしてしまう。

やっとスタートラインに立った子どもからしたら、たまったものではありません。

もちろん、状態によってはすぐに負荷の大きいトレーニングを始められる場合もあります。

しかし、その場合でも時間をかけて、理論的にトレーニングしていかなければ、自己ベストを更新することはできません。


まずは、「見たくない現実」を直視してそれを認める。

そして簡単に解決できると思わないこと。

長い時間をかけても一歩ずつ前進していけばいいと覚悟を決めること。

子どもがうまくいっていないときに親ができることは、これら以外にはほとんどないと言ってもいいと思います。


これは子育てや教育に限ったことではありませんが、直接的に「人を変える」ことはできません。できないことはないかもしれませんが、ほぼ不可能に近い。

それでも人を変えたいならどうしたらいいか。

自分を変えるしかありません。これ以外に有効な方法があるでしょうか。


ですから、まず自分が変わる努力をしてから、ハウツー本や塾・家庭教師の力を頼る。

塾や家庭教師はお金がかかりますが、自分を変えるのにお金は一円も必要ありません。

ポイント!

うまくいっていないのであれば、まずは「現状をそのまま認める」ことが改善へのスタートです！

12　話し合う・待つ

さて、子どもを変えるためには、親が変わらなければならないのですが、とは言っても、やはり子どもと直接的に関わることも欠かせません。

次にやることは、「話し合い」です。

二人以上が関わっている問題を解決するためには、まずは話し合うことが基本でしょう。ところが、親子で問題解決についての話し合いをするのは意外と簡単ではありません。

なぜなら、そこに肉親や親子の「感情」が入り込んでくるからです。

したがって、「話し合いの目的」を明確にしていないと、感情だけをぶつけ合うことになってしまいます。

「話し合いの目的」を言い換えると、「話がこじれたら、ここに戻ろう」という場所を決めておくということです。

繰り返しになりますが、良くも悪くも「言いたいことを言い合う」のが親子です。ですから、「話し合いの目的を忘れてお互い感情的になったら、ここに戻ろう」という合意が必要になってくるわけです。

この「戻る場所を決めておく」というのは、親子に限らず、社会人になってからのミーティングや会議でも大切なポイントだろうと思います。

具体的にいうと、会社内の会議であれば「考え方や手段は違うけど、お互い自社の業績をアップさせたいという目的は共通しているよね」というように、どちらが正しいかという議論を戦わせるのではなく、同じ方向を目指していることを話の途中で必要に応じて確認する。

家族の場合だと、話し合いが熱くなりすぎたときに、「でもみんな家族のこと大切に思っているのは一緒だよね」ということを確認する。

これを親子間、中でも学校や成績、進路のことで話し合う場面に当てはめると、どこが「戻る場所」になり得るのでしょうか。

このような問いに正解はありませんが、不正解はあります。

「あなたの将来のため」という地点は避けるべきです。

というよりも、「あなたの将来のため」は共通の「戻る場所」にはなり得ません。

理由はふたつあります。

まず、「あなたの将来のため」になるかどうかは誰にも分からないことなので、単純に説得力に欠けるから。

次に、この「あなたの将来のため」という言葉のあとに続くのは大抵の場合、「○○したほうがいい」「○○しなさい」という、いわゆる〈上から目線〉になってしまうからです。

いくら相手（子ども）のことを思っての言葉であっても、「上から下」という枠組みができてしまうと、「話し合う」ではなく、親が子どもに「指示する」「言って聞かせる」という図式になってしまいます。

これでは、親がともに問題の解決に向かって努力する当事者ではなくなります。

話が少しだけ逸れますが、最近は親子間や、教師と生徒の間でも「上下関係」を極力なくそう、逆に言えば「対等な関係」にしたいという風潮があるようです。

世の中の価値観は時代とともに変化して当然なので、この風潮に反対するつもりはありませんが、私はどうしても違和感を覚えてしまいます。

「対等な関係」を重視すると、親も教師も課せられた責任を果たすことをできはしないし、また子や生徒も大切なことを吸収する機会を逃すことになるのではないでしょうか。

親や教師としての「立場」があってこそ、子どもを導く義務、見守る責任も生まれ、またそれらを実感できるに違いありません。

傍目には「仲の良い親子」「身近な先生」ともてはやされるかもしれませんが、親や教師が立場と責任を放棄したツケを、何も知らずに育った子どもが大人になって払うということになりかねません。

対等で、まるで友達のような親子関係、師弟関係があっても当人たちの自由ということかもしれませんが、古い新しいに関係なく、まともな感覚の持ち主なら、そのような関係は傍目にみて決して気持ちのいいものではない。

「対等な立場ではなくとも、対等に意見を言い合える関係」を築くことは、理想論ではなく、信頼関係の度合いで可能になるはずです。

さらに言えば、そのような関係を築けるか否かが、親や教師というよりは「大人」としての度量というか、本物の教養と言えるに違いない。

したがって、子どもの行き詰まりを打開するための話し合いで、どのような態度で臨めるか、さらにはどのような意見を引き出せるかは、ある意味では親の「人間力」の見せどころであるともいえます。

このような話し合いの場では対等というか、同じ土俵で向かい合ってこそ「話し合い」になるわけですし、成果にも繋がります。

親の義務・責任において、子どもに訓戒を垂れる機会は、また別に作ればいいのです。

それとて、信頼関係があればこそ設けられるものに違いありませんが。

話を戻します。

「○○しなさい」というのは強制になるからダメだと分かるが「○○したほうがいい」は提案、アドバイスだからいいのではないかと思われるかもしれません。

しかし、提案・アドバイスこそダメなのです。

考えてみてください。

求めてもいないのにアドバイスされて喜んで受け入れる人がいるでしょうか。

ほとんどの人は「大きなお世話だ」と思うはずです。

何の役にも立たないどころか逆効果です。

そもそも、そのようなアドバイスを素直に受け入れるような状態であれば、話し合いなど必要ありません。

したがって、ここでも重要なのは、「現状認識」を共有することになります。

つまり、「今が自分にとって充実している状態ではない。望んでいる状態ではない」ということを子ども自身が認め、それを親も共有する。

現状を認める、前述した「見たくないものを見る」というのは大人でも難しいわけですから、これができればかなり大きな一歩になります。

「現状が良くないことを認めてしまうと何か（例えば塾に通わされる）を強制される」と思っているなら、子どもは現状を認めることを拒否します。

子どもが素直に現状を認めることは、親を「話し合える相手」だと認めている証拠にもなるわけです。

もし、どう見ても状態が悪いのに子どもがそれを認めない、つまり「別に今が自分にとって悪い状態だと思わないから放っておいて」というのであれば、それを受け入れる他ありません。

受け入れなければ、子どもはスタートラインにさえ立ってくれないからです。

「そうか、それならいいよ。でも何か力になれることがあればいつでも言ってくれよ。また話そうな」

そして、待つ。

また話し合いを持ちかけてみる。

ダメなら、また待つ。


この場面では、とにかく根気です。

それ以外にはありません。

子どもと接する場合、何か行動を起こすよりも、実は「待つ」方がキツいことがよくあります。それでもここでは根気強く、とにかく「待つ」しかない。

ポイント

子どもとの「我慢比べ」に勝てますか？

13　私の失敗談

家庭教師として生徒とともに勉強してきた中で、後悔や失敗がたくさんありますが、その中でもやはり「待てなかった」「焦ってしまった」ことによる失敗がとても多く、今でも折に触れ反省、自戒しています。

指導回数に応じて報酬をいただいている家庭教師の立場としては、やはり少しでも早く、「目に見える結果」を出したい。

そうなると、どうしても生徒を「動かそう」としてしまいます。

「この計画通りにやれば、夏までに○○くらいは上がる。必ず上がる。だから頑張ろう。頑張れるよな?」

生徒からすれば強制と変わりありません。

いま考えると、私の勘違いからくる成功体験が、これらの失敗の原因になっていると分かります。

私が塾の講師から家庭教師に軸足を移して最初の生徒は、医学部志望の高校三年生で、すでに現役合格は厳しい状況でした。

高校入学直後から大手塾に通ってはいたけれど、成績がなかなか上がらない。

問題なのは、その生徒がかなり真面目に取り組んでいるにもかかわらず、それが成績に反映されていない事でした。

勉強量は確保できているのに成績が上がらない原因は、「与えられた課題や宿題を、単に真面目にこなしているだけ（つまり「自分で考えていない」）、もしくは「計画や、やり方が間違っている」というふたつに絞られます。

私はまず、このふたつに原因があることを話して、生徒と一緒に勉強の計画を作り、実行する際の注意点も確認し、毎日の勉強内容もメールで細かく報告してもらう約束をしました。

塾の教材が悪かったわけではないのですが、この時点では、勉強している本人でさえ、どこが得意で、どこが苦手なのかさえ分かっていない状態でした。

要するに、勉強ではなく、ほとんど「作業」だったわけです。

例えば、その日の目標を「○○を△ページ進める」という具合に立ててしまう。

言うまでもなく、これでは「終わらせる」ことに満足してしまい、その日の成果が曖昧になります。

そこで、「今週は苦手分野である数学Ⅱの三角関数を克服したい。そのためにまずはこのテキストの中にある例題を一日に三つずつ、スラスラ解けるようになるまで何度でも解く。一日に三つずつのペースでいけば一週間で例題は全て終わるので、そのときにもう一度すべての例題をテストする」というような的を絞った対策を立てました。

私が指導する前から「決めたことは必ず最後までやり通す」という性格を持った生徒だった

ので、やり方をアドバイスして、あとはそれに納得して進めさえしてくれたら問題の解決はそう難しくはありませんでした。

「分かる」という言葉の語源は「分ける」です。

つまり、まずは自分が解ける問題と、解けない問題を「分ける」。

そして、解けない問題を克服するために、対策を話し合う。

あとは対策を実行し、そのあとにテストをして解けるようになった問題をまた「分ける」。

それを繰り返していくうちに、解けない問題・苦手な分野が減っていく。

机に向かう訓練さえできていれば、やり方・手順は非常にシンプルです。

この生徒も、2か月もしたら、成績は急上昇し、本人もご両親も大喜びでした。

お母さんから「どんな魔法を使ったんですか」と言われた場面を今でも覚えています。

正直に言って「こんなに簡単に成績を上げられるのか」と思いました。

塾講師のときはやりたくてもできなかった自分で考えた指導方法で、これだけ早く結果が出るとは思ってもみなかったわけです。

無邪気にも、「このやり方さえあれば自分は家庭教師として必ずやっていける」と確信（後に過信だったことが分かりますが）した記憶があります。

しかし、当たり前のことですが、やはり実力を伴わない成功は「砂上の楼閣」に過ぎません。このあと色んな生徒を預かっていくうちに、最初の生徒の成功は、「自分のやり方が良かったのではなく、考え方を理解し実行してくれた生徒が偉かったから」ということに気付きます。

すなわち、他の生徒に対して同じように指導しても、結果が出ないケースが出てきたわけです。

そして、前述したように、結果を焦ってしまい、まだ動く準備ができていない生徒を「動かそう」としてしまう。

当然ですが、これで結果が出るわけがなく、さらに焦ってしまい、自分のやり方を強制するという悪循環に陥るケースが何度かありました。

この悪循環・失敗の経験から、「正しい効率的なやり方を説明し実行させれば、すぐに成果がでる」という考え方は問題の解決策にはなっても、それが全ての生徒に通用するわけではないことに気付きました。

言い換えれば、「正しいやり方を実行させればどんな生徒でも成績を上げることができる」という一見すると誰にでも通用すると思われるやり方は「机上の論理」、いや「机上の空論」

であって、根本の問題は、「いかにして実行できる状態までもっていくか」にあるということに気付いたのです。

この根本的問題の解決を図るために考え始めたのが、この本を書くきっかけのひとつにもなっています。

ポイント！

「正しい勉強のやり方」が分かれば
問題が解決するわけではない！

14　健康食品

私はよく「合格した生徒がすごいのであって、塾や家庭教師がすごいわけではない」と言います。

塾や家庭教師派遣の会社の広告に「○○大学○名・合格」とたくさん書いてありますが、当然ながら不合格だった生徒もいるわけです。

合格した生徒は「塾が合格させた」といい、不合格だった生徒は「本人の努力不足だった」という。

塾の力で合格させたというのであれば、塾の力不足で不合格だった生徒もいるということも認めなければフェアではないのでは？と私は思います。

まあ言っても詮ないことかもしれませんが。

確かに塾の講師や家庭教師には立派な学歴を持ち、教える能力も高い人はたくさんいます。私もＹＯＵＴＵＢＥで有名な先生の授業をよく見ますが、とても分かりやすいし、おもしろいです。

しかし、その先生の授業を受ければ誰でも成績が上がるかと言われればそうではない。生徒の合格に対しての熱意と、日々の勉強に対するモチベーションという土台があってこそ、その先生方の授業が効果を発揮するに過ぎません。

ですから、間違っても「塾に行きさえすれば成績が上がる・合格できる」と思わないことです。大きな失敗をすることになります。

まずは生徒自身が「授業を受けたい・成績を上げたい・合格したい」という気持ちにならなければ、どんなに先生がすごくても時間の無駄です。

親も、塾も、授業を担当する講師も、家庭教師もそのことを認めるというか、理解しておかなければ、授業や時間を切り売りする単なるビジネスになってしまいます。

私はこの本の中で、「親は子どもにとっての土であり、学校や外部からの教育は、水や日光、栄養だ」と繰り返し述べてきましたが、さらに別の例えをするならば、塾や家庭教師は「健康食品」に当たるのではないかと思います。

中でも、塾や家庭教師派遣会社が薦める、いわゆる〈教えるのが上手い・分かりやすい先生〉は「強い健康食品」です。

ここで理解しておくべきことは「健康食品は、どんな症状にも有効なわけではない」ということです。

また、言うまでもなく、健康食品だけで健康が保たれることは決してありません。

健康食品のほとんどは「病気の身体を回復させて健康にする」ものではなく、「健康維持の補助をする」ものです。

したがって健康食品（塾や家庭教師）の効果が期待できるのは、

「勉強の進め方・計画の立て方が分からない」

「自分が取り組んでいることが間違った方向にいっていないか常にレビューしてほしい」

「テキストを読んでも解法の意味が分からないので解説してほしい」

というような状態の場合です。

どれも共通しているのは、「勉強したい」というモチベーションがあるということです。言い換えれば、「お腹が空いている」状態であって、それでこそ塾などの授業内容や、為になる情報を飲み込み、また消化できる。

いくら素晴らしい健康食品であっても「食べたくない」と言っている人に食べさせるのは無理ですし、仮に無理やり食べさせたとしても、効果は期待できないでしょう。

したがって、「お腹が空いている」状態になければ塾や家庭教師を頼っても、あまり効果は期待できないと言っていいでしょう。

問題なのは、塾や家庭教師派遣会社が、このことを知らない、もしくは「知っていても知らないふりをしている」ことです。

彼らは、頼ってきた生徒や親御さんがどんな状態であろうと、健康食品で状態を改善させようとします。

そこに悪意はないと思いますが、結果に責任を持つわけではありません。

身体の調子が良くない時に、栄養剤や健康食品を摂取するのが無駄ではないにしても、それらはあくまで「補助」であって、根本的な改善にはならない。

また、人間の身体には「自然治癒力」、つまり、どこか悪くなったときに自分で回復しようとする力が誰にでも備わっています。

諸々の治療や薬、健康食品はそれを補助するものでしかない。

まずは、日ごろの生活サイクルや食事を見直して（現状認識のために話し合う）、基礎体力（モチベーション）を取り戻す。

そのためには、これまで述べてきたように親が「土」としての役割を自覚・認識して、ときに話し合い、ときに見守りながら、子どもが「勉強でもしてみようかな」という状態にまでもっていくしかないわけです。

せっかく健康食品にお金を使うなら、高い効果を得たいはずです。

そのために家庭でできることは少なくありません。


ポイント！

外部教育を頼る前に、まずは家庭でできることを考えてみましょう！

15　健康食品の使い方「塾編」

これまで述べてきたように塾や家庭教師には「健康食品」としての役割があります。適切な使い方をすれば充分な効果が見込めるし、また特定の効果を得たい場合には不可欠なものにもなります。

ここからは、どのような使い方をすればいいのか、また、どのような場合に必要なのかについて考えてみましょう。

適度な運動やバランスのとれた食事があれば、健康食品に頼らなくても、健康を維持するのはさほど困難でないのと同じで、勉強するうえでも、特に中学校までは、学校の授業をしっかりと受ければ、成績上位を維持することはそう難しいことではありません。

実際に、公立中でトップクラスにいる生徒が塾に通っていないことはよくある話です。

かなりの難関校でなければ、塾なしで中堅～上位の公立高校に合格することも可能でしょう。

とは言え、現実的には、モチベーションの維持や、勉強スペースの確保、または過去のデータ活用などで塾に通った方が有利であることも事実です。

受験する学校（高校）を例に挙げて考えてみましょう。

地方の下位～中堅クラスの公立高校を受験する場合、基本的に塾や家庭教師は不要です。前述したように、学校の授業を聞いておけば問題ありません。

「いや、学校の授業についていけないから塾などが必要なんだ」と言われるかもしれませんが、逆に、「学校の授業さえまともに受けられない生徒が塾の授業を受けてどうするんですか？」と聞きたい。


塾において、下位～中堅クラスを対象にしたクラスで行われている授業のほとんどは、学校の授業の焼き直しに過ぎません。もちろん、塾も料金をもらう以上、分かりやすく教える工夫はしていますが、中学までは内容自体がそれほど難しくはないので、学校の授業と大きな差はつきにくい。

ですから、簡単に言えば、学校の授業と同じ内容のものを、もう一度聞くためにお金を払っているということになります。

学校の先生やクラスには「当たりはずれ」があるのも事実なので、運悪くあまり熱心ではない先生や、クラス内の状態が悪く授業を満足に聞けない場合は、塾でカバーすることも選択肢のひとつではあると思いますが、いずれにしても、「塾に行かなければ合格できない」ということはないでしょう。

受験についてのデータや、受験勉強の進め方も中学校の進路指導の先生に聞けば、たいていのことは答えてくれます。

したがって、くどいようですが、塾や家庭教師に頼る前に、「学校や家庭でやれることをやる」

ことが大切です。

そうすることで、仮に後で塾などを利用することになった場合に大きな効果が期待できます。

次に地方の公立トップ校を目指す場合です。

志望校のレベルが上がるにつれて、塾の効用は増していきます。

ただ、それは塾の授業が不可欠ということではなく、精神的なものです。

トップ校を目指す生徒は当然ながら、学校でもトップクラスの成績です。

つまり学校内ではある程度〈チヤホヤ〉されていて、ライバルも少ない。

ところが、塾に行くと環境が変わります。

自分と同じ、もしくはそれ以上の生徒がたくさんいるので、緊張感は学校の比ではありません。その中での競争に耐えられるだけの精神力もつくし、モチベーションにも繋がります。

また、前にも述べた通り、塾側もトップ校に合格させて実績を上げることが、塾の経営に直接影響するので、力の入れ方が違います。

もちろん、学校とは違う塾でのプレッシャーに耐えられなくなって成績が下降するというリスクもありますが、合格する可能性を考えるとメリットの方が上回ると思います。

大都市圏の私立中高一貫校、難関私立高校を受験する場合になると、塾の役割・重要性はさらに増します。

スポーツに例えると、「全国大会に出場する」ことではなく「全国大会で優勝、上位進出」を目標にするレベルになるからです。

私立の難関校では小学校・中学校の教科書を超えたレベルや解き方を知っていなければ解けない問題、つまり塾に行って対策をしていることが前提の入試問題が出題されます。

いくら能力が高く、自分で努力するクセが身についていても、「解くための知識」がなければ太刀打ちできません。

難関私立受験に特化したテキストや、過去問題集も市販されているので、理論的には独学で合格するのも可能かもしれませんが、確率でいうと塾に通った方が有利であることは間違いありません。

塾ではハイレベルのクラスほど到達度を計るための確認テストが毎回実施されるのが普通で、常に自分がどれくらいの位置にいるのか、どれだけ理解しているのかということを意識させられます。

これは受験に限ったことではありませんが、何かを学ぼうとするとき、単に知識を頭に入れ込んでいくだけでは身につきません。

頭に入れた知識を外に出す、つまりアウトプットして初めて自分のものになります。

例えば、初めて知ったことを、家族でも誰でもいいので、他人に話して説明する。

これだけで、学んだことが記憶に残る確率が大幅にアップすることは科学的に証明されています。

受験勉強の場合でも同じで、単に机に向かって勉強する（インプット）だけでは成績は上がりません。

勉強したことをテストする。

できなかった問題はもう一度頭に入れ直す。

そしてまたテストする。

大まかに言えば、これの繰り返しがいわゆる「受験勉強」だということになります。

なぜなら、「試験」とはつまり、頭に入っている知識をいかに答案用紙上に「出す」ことができるかを問われるものだからです。

したがって、「知識を入れる」「知識を必要に応じて変化させて出す」という訓練こそが受験勉強だと言えるわけです。

簡単なようですが、これを自分でやるのはかなり難しい。

理由はこれまでも述べてきたように、「人間は自分の見たくないものは見ない」からです。

自分でテストすると、「ここは単に計算ミスだからほとんど正解」「考え方は合ってたからOK」というように、どうしても甘くなります。

このように考えると、塾という場所は、知識を入れる場所であると同時に、アウトプットして自分の立ち位置を確認する、もしくは否応なく確認させられるところでもあることが分かると思います。

大都市圏の中高一貫校や難関私立高校を受験する場合は、塾の存在は大きいと認めざるを得ません。

ポイント!

塾の必要性は志望校によって変わってきます!

16　健康食品の使い方「家庭教師編」

塾と家庭教師の違いを挙げるなら、距離の近さがあると思います。

塾と違って一対一で、しかもほとんどの場合はプライベートな空間である自宅で一緒に勉強するわけですから、望むか否かに関わらず、物理的・心理的な距離がとても近くなります。

家庭教師を依頼される家庭・生徒のほとんどは「塾に行ったけど結果が出なかった」という

ケースです。

塾よりも「教える側との距離が近い」ことが家庭教師を選ぶ最大の理由になっていることは間違いないでしょう。

確かに「距離の近さ」が家庭教師の強味に違いないのですが、この「距離の近さ」は一歩間違うと、「頼り切り」「任せきり」にも繋がります。

つまり、家庭教師は塾よりも「使い方に注意が必要な健康食品」だということです。

「距離の近さ」は、言い換えると「双方向性がある」ということになります。

塾の授業と比較して、家庭教師との勉強の方がお互いの「やりとり」は圧倒的に多い。

その「やりとり」の中にこそ家庭教師の腕の見せどころがあるといっていいでしょう。

教科内容について不明なところがあれば、塾の授業で解決できるし、また質問もできます。

いや、塾に行かなくても工夫を凝らした授業がインターネット上に無料でたくさん出ています。

それでもなお、家庭教師の有用性があるとすれば、生徒を先導することではなく、「伴走」すること、つまり、人間的な信頼関係をベースにしてサポートできることがそれに当たるに違いない。

逆に言えば、「この先生がいうことを信じてやってみよう」「この先生が言うことなら毎日続けてみよう」と思わせることができなければ、家庭教師としての存在意義がないに等しいわけです。

塾と比較して、家庭教師の指導料が高いのは、一対一で時間を取っているからという理由以上に、「その人でなければならない」という付加価値的な理由があると思っています。

家庭教師の力量は、教科内容や受験戦略についての幅広い知識・ノウハウがあることは前提として、いろいろなタイプの生徒の特性を見極める、要するに「相性を合わせる能力」の有無によって測られると断言してもいいと思います。

いくら自分の信念、知識や指導法に自信があっても、それが生徒に合わなければ意味がありません。

自分のやり方を生徒にフィットするものに変えながら、結果を出さなければならないのが家庭教師です。

したがって、生徒（子ども）の特性を掴めていない、もしくは自分のやり方や主義を押し付けるだけの家庭教師であるなら、どんなに学歴や実績があっても躊躇なく代えるべきだというのが私の意見です。

一方で、家庭教師の側も、自分の指導に生徒が納得しているのか、生徒から信頼を得ているかを常に意識し、「このまま継続しても料金に見合う結果が出せない」と判断したら、自分から指導の中止を申し出ることも必要だと思います。

少なくとも、私はそのような方針で指導してきました。

塾の講師であれば、「自分の授業についてこい」という姿勢でも通用しますが、家庭教師は可能な限り「オーダーメイド」の指導が求められ、またそれを可能にするからこそ高い指導料をいただく資格があるのだろうと思います。

もし、家庭教師の強みである「オーダーメイド指導」が生徒に受け入れられて、信頼関係が生まれれば、良い影響は指導時間以外にも及ぶことになります。

例えば、学校での授業で集中できないとき「あ、学校の授業こそが基本だから、絶対おろそかにするなと昨日の夜に言われたな」。

家でお風呂に入っているとき「この前の指導時間に先生が言っていた考え方は部活でも応用できそうだな」というように、距離的に離れていても、「常に指導を受けている状態」になるわけです。

また、現在はほとんどの生徒がスマートフォンを持っているので、質問や相談があれば指導日を待たずに、いつでも連絡をして質問することができます。

このような、まさに「タッグを組んで課題に取り組む」という関係ができれば、塾と比較して高い指導料も、むしろリーズナブルに感じるかもしれません。

親子間で「何のために依頼するのか」「どのような家庭教師を求めるのか」を話し合い、子どもの能力と性格に合った家庭教師を探し、巡り合うことができれば、塾以上の成果を出せるだけではなく、将来にわたって大きな存在になり得る。

それが塾にはない、家庭教師の強味だと思います。

ポイント

家庭教師を依頼する場合は、「子どもとの相性」を重視してください！

17　お金について

ここで少し違った話題について考えてみましょう。

生きるうえで欠かすことができない「お金」についてです。

お金についての考え方やスタンスは、その人の人生観を現していると言っても過言ではないでしょう。

私が尊敬する投資家は「お金とは、おっかねえものだ」という名言（？）を残していますが、これは単なるダジャレではなく、「お金」の本質を突いた言葉だと思います。

なぜなら、お金を上手に「使う」、もしくは「遣う」ことは常識で考えられているよりもずっと難しいからです。

資本主義とは、簡単にいえば「お金をすべての基準にして考える」ということであり、したがって世の中のトラブルのほとんどはお金にまつわることになるのも当然だと言えます。

逆に言えば、世の中のほとんどのことはお金で解決できる問題であるということでもある。

「お金がなければ幸せになれない」とはいえないにしても、「幸せになるためにある程度のお金は必要だ」とはいえるでしょう。

少し前に『清貧の思想』（中野孝次著　草思社　1992年）という本が流行しましたが、日本人には元々、「贅沢＝悪」「質素倹約＝善」という固定観念があるような気がします。

日本が天候に大きく左右される農耕を主体とする国であったことが、その根本にあるのかもしれません。

戦後の日本は先人の努力や世界の潮流にうまく乗った結果、有数の工業国、先進国となりました。

しかし、お金を「汚いもの」とまでは言わないにしても、どちらかというと大っぴらに話題にすることを避ける気質は残っているのではないでしょうか。

先ほど、お金に対する考え方は人生観を現していると書きました。

人生観が人それぞれであるように、お金に対する考え方もそれぞれであることは言うまでもありません。

そして、その考え方の違いは当然、家庭ごとに違います。

お金に対する話題はできるだけ避けようとする家庭。

逆に、お金の話題や、家計について積極的に開示しようとする家庭。

それらの結果として、お金の話題になると「自分は分からない」という生徒もいますし、逆にお金に関すること、例えば投資や金融システムについて興味を持って質問してくる生徒もいます。

さらには、小さいころからの教育の成果（?）なのか、年不相応に倹約家の生徒もいる。

家庭によって経済状況も経済観念も違うので、「お金」についての教育を一律に論じることは不可能、というよりナンセンスだと思いますが、その一方で、最近では、「小さいころからお金について教育することが大切だ」という風潮があり、書店でも関連する本がたくさん見られます。

しかし、どの分野でも言えることですが、「これがベストだ」という教育法はありません。

したがって、どのような経済状況でも当てはまる普遍的な考え方を、少なくとも子どもよりはお金に近い大人が教えておく、伝えておくというのがベターな方法ではないでしょうか。

▼幸せに生きるためにお金は必要だけど、お金があるから幸せになれるとは限らない。

▼何が起こるか分からない人生で、お金をストックする（貯めておく）ことは大切だけど、
お金は使ってこそ（動かしてこそ）価値がある。
「どう使うか、何に使うか」が重要。

▼楽をしてお金を稼ぐことは絶対にできない。楽をして稼いだお金はすぐに無くなってしまう。

▼お金がないことを周囲のせいにしているうちは、お金は入ってこない。

▼倹約とケチは違う。

▼お金にならない仕事が、お金を運んでくる。

▼お金を稼ぐ最短距離は「自分の代わりは誰もいない」という存在になること。

▼心と身体の健康が何よりの資産だということ。そのための投資を惜しまないこと。

これらは、私が自分で経験したうえで学んだことに加えて、「お金をうまく使っているな」

と感じた人から学んだ「お金のセオリー」です。

誰でも我が子にお金で苦労をさせたくはない。
少しでもいいものを食べさせて、着させて、そしていい学校に通わせたい。
自分が死んだ後も子どもができるだけ困らないように財産を残してあげたい。

私もそう思います。

それが子どもを駄目にする可能性を秘めていることを自覚していても、ほとんどの人がそうしてしまうのは、単に子に対する愛情だけではなく、人間という動物が持つ本能によるものかもしれません。
しかし、そうであるならば、なおのことその本能に逆らって、「本当に子どものためになるもの」を遺すことこそが、大人として本物の教養と言えるに違いありません。

西郷隆盛の有名な言葉に「児孫のために美田を買わず」というものがあります。
「子どものためにならないから財産は残さない」という意味ですね。

私は、「お金がもつ本質を教える」ことで、結果として子どもがお金で苦労しなくなれば、それが親として果たすことができる最大の経済的な責任だろうと思います。

何より、「お金とは自分にとってどういうものなのか」を考えることは、私たち大人（親）が自分自身の人生観を見つめなおす機会にもなるのではないでしょうか。

ポイント

「お金と人生の関係」について、親子で話し合ったことがありますか？

18　学歴の必要性　その1

「幸せな人生を送るために学歴は必要だ」というと、これは正確ではないし、反論があるでしょう。

学歴が無くても幸せな人生を送っている人はたくさんいるからです。

しかし、「学歴があった方が幸せな人生を送ることができる可能性が高い」と言われたら、ほとんどの人は否定できないと思います。

塾や家庭教師派遣サービスの会社が乱立している現状は、それを証明しているといえるのではないでしょうか。

「学校の成績がすべてではない」とよく聞きます。

当たり前です。言うまでもないことです。

卒業した学校の名前や、学生のころの成績で諸々の評価をする人がいても別に構いはしませんが、まともな人からは相手にされないでしょう。

高校もしくは大学までに学んだ知識がそのまま通用するほど、社会の仕組みは単純ではないことは誰もが知っています。

しかし、一方で「学校の成績」つまり学歴が、その人の信頼性を担保する指標のひとつであることもまた事実です。

誰しもが同じように通い、基本的には同じことを学ぶ学校で、人並み以上の成績を残したり、競争を勝ち抜いて難関校に合格したりするためには、当然ですがある程度の忍耐や根気強さが求められます。

仮に、学校のカリキュラムや入試の制度的な欠陥や、学習指導要領に対しての批判があるとしても、その中での成績上位者の能力が役に立たないという反論まで成り立ちはしない。

つまり高学歴の人たちは、それが自発的なものかは別にして「目の前にあるやるべきことはしっかりとやってきた」ということだけは確かであり、学歴とは、一定以上の能力と根気を持っている、いわば「品質証明書」という一面もあると言っていいでしょう。


採用時に大学のランクでまず「足きり」をしている大手企業がマスコミや就職活動をしている学生から批判されることがありますが、私は企業の言い分も理解できます。

高校まで勉強もせずに低いランクの大学にしか入れなかった人の中にも、様々な才能を持った人がいる可能性は否定しません。

しかし、「将来的に戦力となって会社を支える存在になる」という「確率」で考えると、難関大学の卒業生の方が高いと予想するのが常識的です。


なぜなら、彼らには「高校生までの間に一定の努力をしてきた」という信用がある。

企業としては、できる限り早く戦力になるように鍛えたい。

だから少しの苦労で投げ出す、もしくは楽をして結果を出そうとする可能性がある人を採用するのは避けたいと考えるのが当然でしょう。

したがって、学歴は一定の信用は得るために有用だと言っていいだろうし、また生きていくうえで、ある意味「保険」にもなり得ると言えます。

もちろん、学歴があることが逆に足かせになることもあるだろうし、逆に学歴がなかったからこそ掴み得るチャンスもないとは言えない。

ただ、学歴があった方が、「チャンスに巡り合う確率が高い」ことは誰もが認めるのではないでしょうか。

卒業した学校が持つ〈ブランドとしての学歴〉は、「なくてはならないもの」ではないにしても、「あるに越したことはない」ものだと言えそうです。

ポイント

学歴ですべてが決まるわけではありませんが、学歴が持つ有用性については冷静に考えてもいいのではないでしょうか？

19　学歴の必要性　その2

学歴には、ふたつの意味があります。

ひとつは、これまで述べてきた卒業した学校の名前、いわゆるブランドとしての学歴。

もうひとつは、文字通り「何を、どう学んできたか」という意味での学歴です。

ブランドとしての学歴は一種の「信用」であり、有用であることが多いと書いてきましたが、他方で、それが通用するのは「入口」のみであることもまた事実です。履歴書において、その人の表面的な信頼性を担保する基準は確かに「ブランドとしての学歴」しかありません。

しかし、考えてみればすぐに分かることですが、内面的な信用や、仕事の実績をあげるうえにおいては、「ブランドとしての学歴」は全く役に立たない。

例えば仕事の相手が大学の同窓だった場合、それが話のタネくらいにはなるかもしれませんが、何か仕事上の重要な決定する要素になることはあり得ないでしょう。

東大・京大といった、世間で学歴ヒエラルキーの頂点に立つ大学を卒業していたとしても、ともすれば、少しの失敗で「あの大学を出ているのに……」と評価されることさえあります。したがって、やはり「ブランドとしての学歴」が力を発揮する場面は、社会に出て経験を積むほど少なくなっていくといっていいでしょう。

プレハブ小屋からたった三人で創業し、今では日本でも有数の企業になった、小型モーター製造では世界的なシェアを持つ日本電産の永守重信氏は、「東大卒は役に立たない」と広言しています。

現在でも根強い人気がある田中角栄元首相が小学校卒であったことは有名ですが、彼は「学歴無用、学問有用」が口癖だったそうです。

彼ら以外でも、松下幸之助や本田宗一郎、建築家の安藤忠雄など学歴なしに世界的な成功を収めた人物は少なくありません。

彼らに共通しているのは、ブランドとしての学歴はなくとも、「学び続けてきた」という経歴、本当の意味での学歴があることです。つまり「名はなくとも実がある」ということですね。

彼らは口をそろえて「学歴がなくても、情熱と努力次第で成功できる」と言いますが、それは自らの才覚と努力で道を切り開いてきたという誇りであると同時に、彼らの目から見ると「学ぶ」ことの本質からはかけ離れているように見えるに違いない現在の教育や受験制度に対する強烈な皮肉であるとも言える。

私は前項でブランドとしての学歴は「あるに越したことはない」と述べましたが、「何を、どう学んできたか」、そして「学び続けているか」という本質的な学歴は、社会的に成功するためだけではなく、幸せな人生を送るために「なくてはならないものである」と断言します。

なぜなら、ブランドとしての学歴なしで成功した人はいても、「学び続ける」という姿勢なしに成功を収めた人は、誰ひとりとして存在しないからです。

受験は人生における「予選」です。

予選一位でも、それはあくまで予選でしかない。

F1などのモータースポーツでは、予選で最も速いタイムを出したドライバーがポールポジションといって最も有利な位置からスタートする権利を得ますが、いくらテクニックに優れ、スタート位置が有利であっても、そのままトップでゴールできるとは限りません。

いわんや、モータースポーツのレースよりも長く、予想できないことの連続である人生において、予選（受験）やその結果（ブランドとしての学歴）が持つ価値や意味が、それほど大きいものであるはずがありません。

ポイント

本当の意味での学歴をつくっていくことが成功と幸せに繋がります！

20　二兎を追う

私が生徒に対して最も多く言うのは「常に考えろ」という言葉です。

人間は万物の霊長というほど賢くはありません。

だから、意識的に「考える」という行為をしなければ、感情や本能に流されてしまいます。

「今日はなぜかやる気が出ない」

「眠い」

「休みたい」

生徒たちだけではなく、私たち大人もこう思うことがあります。


ここで「考える」わけです。

「なぜやる気が出ないんだろう」

「なぜ眠いんだろう」

「なぜ休みたいんだろう」

最初のころはほとんどの生徒が「考えてもなぜか分かりません」と言います。

ほぼ全員です。

しかし、「じゃあなぜ分からないか考えてごらん」「答えが出るまで考えてごらん」と言うと、大半の子は黙って机に向かい始めます。

なぜなのでしょうか。

「考える」ことで、自分を客観視できるからです。

要するに「○○に合格したいと自分が言っているのに、やる気が出ないというのはおかしいのではないか」と気付くわけです。

「やる気が出ない」と言っている自分が滑稽に思えてくるので、自然と机に向かうのだろうと思います。

ちなみに、アドラー心理学で有名なオーストリアの精神科医、アルフレッド・アドラーは、「やる気が出ないのではない。やる気を出さないという決断を自分でしているだけだ」と述べています。

興味深い指摘です。

もし彼が言うように「やる気を出さないという決断を自分でしている」のであれば、問題はないのです。

そこまで考えた結果として「やる気を出さない」のであれば、休んでしまえばいい。

問題なのは、何も考えずに「やりたくない」という感情に流されてしまうことであって、それが習慣になっている場合です。

もちろん、すべての生徒がいつもこのように「考えて」行動できるわけではありません。

しかし、私たち大人でも簡単なことではない「考える」という行為を、子どものうちから訓練させることは決して無駄なことではない。

むしろ、受験において役立つテクニックなどよりも層倍の価値があるはずですし、生涯にわたって役立つに違いありません。

さらに言えば、この「常に考える」という訓練は、単なる精神修養でもなければ、「今すぐにではなく将来のため」という目的のみでやっているわけでもないのです。

一周まわって元に戻った感じですが、「自立と自律」が幸せな人生をつくるというのが私の主張であり、その根幹をなすのが、まさに「常に考える」という力なのです。

受験勉強が果たして真の意味で「学ぶ」という行為なのかは疑わしいものがありますが、その過程で「常に考える」という訓練をすることで、単に問題を解くために必要な思考力や知識以上のものを身につけることができます。

そうすれば、自然に受験も満足する結果を得られるだろうし、その後の人生で必ず起こる諸々の困難を自力で乗り越えていく力、言い換えれば「人間としての地力」もついてくるに違いない。

つまり、先に述べた「ブランドとしての学歴」と「何を、どう学んできたかという本質的な学歴」は一見すると二律背反するようですが、「常に考える」ことをベースに置くことで、両方とも矛盾なく成立し得るわけです。

学歴や幸せに対しての価値観や基準は人や家庭によってそれぞれであって当然ですが、自分の愛する子どもが、何も考えずに感情や本能に任せて生きるよりも、自分の目の前で起こることについて「常に考える」人であってほしいと思うのは私だけではなく、子を持つ親の共通の願いではないでしょうか。

ポイント！

「常に考える」という習慣は受験だけではなく、その後の人生でも役立ちます！

21　アインシュタインの言葉

アインシュタインは「教育とは学校で学んだことをすべて忘れた後に残るものである」という言葉を残しています。

人間は必要なくなった知識は忘れてしまいます。

脳の中を常にアップデートしていると言えば聞こえはいいかもしれませんが、非常に忘れやすい生き物であるというのが事実です。

したがって、小学校から大学まで様々なことを学びはするけれど、そのほとんどは忘れてしまう。


法律家は、司法試験を受験するときに法律全般を勉強しますが、働き始めると自分の専門分野以外の法律についてはあまり覚えていないそうですし、医師にしても医学部で勉強したことすべてを専門医になったあとも覚えているわけではありません。

したがって、受験勉強、中でも難関大学や難関国家資格は、その価値やステイタスを維持するために、もしくは、社会的に要求される大きな職責に耐え得る精神力を試すという意味で、あえて激しい競争を強いているという面もあるのかもしれません。


では、なぜ私たちは忘れると分かっていることを学びながら成長しなければならないのでしょうか。

それは、「知識や思考法を身につける過程や、その奥にあるもの・目には見えないものを修得するため」です。

日本料理でもフランス料理でも中華料理でも出汁（スープ）を取ります。昆布やかつお節、煮干し、動物の肉や骨、野菜を水に浸したり、煮だしたり、煮込んだりしながら料理の基本となる出汁をとる。

料理によっては出汁がその一皿のできを左右するほどに重要なものですが、それらを取り出すのに必要な材料自体を食べることはほとんどありません（もちろん例外はありますが）。

教育もこれに似ていると思います。

すなわち、学校で学ぶ各科目やその他の活動・経験は、それ自体を血肉にするためのものではなくて、その中にある「エキス」を吸収するために必要な材料であるということです。

「学ぶ」という過程にはいろいろなことが起こります。

主に勉強する場である学校には自分と違った色んな人がいる。

学校は勉強する場だからといって、勉強だけをしておけばいいかというと、そうでもない。

先生にも様々な人がいる。

部活動でもいろいろな問題が起きる。

恋愛もする。

それらを「材料」にして人間としての土台を作っていくことこそ教育であるとアインシュタインは言いたかったのだろうと思います。

大切なのは、親がこのような価値観を持てるか、さらに言えば子どもと共有できるかということです。

親が「学校で学んだことをすべて忘れた後に残るもの」の価値を認めてこそ、つまりは勉強の内容そのものよりも、その過程で起こる諸々のことから学ぶことの大切さを理解していれば、目先の成績や点数に一喜一憂することもなくなります。

そのような親のもとで育った子どもは様々な経験からうまく「出汁」を取ることができるようになるのではないでしょうか。

その「出汁」を活かして、子どもが人生で一皿、二皿の料理を完成させていくときに、親は無上の喜びと、自らの充実を感じるに違いない。

私はこの本の中で「親は子どもにとっての土であれ」と繰り返し述べてきました。

子どもを育てる良質な「土」であるためには、自らを耕し続け、それによって「自立と自律」を実践しなければならない。

そして、その姿を子どもに見せて、かつ絶えず見守るというのが最大唯一の親の役目であると私は疑いません。

それこそが子どもにとって何にも勝る「学校で学んだことをすべて忘れた後に残るもの」になるはずです。

ポイント

親が「人生において本当に大切なもの」について考え、理解しているかが重要なのです。

第二部

子どもたちへ

さて、ここからは今まさに大人への階段を上っている子どもたち、生徒たちに向けて書いていこうと思う。

途中で意味が分からないところ、もしくは自分の意見と違うところがあるだろう。

当たり前だよね、僕が自分ひとりで考えたことを書いているわけだから。

世の中には、色んな人がいる。ほんとにびっくりするような人がいるんだよ。

ある人から見たら、僕もそのひとりかもしれない。

もちろん、君たちもそうかもしれない。


でも、それだから世の中はおもしろい。

大げさではなく、自分とは全く違う発想をする人が出会い、ぶつかり、学ぶことによってこの世界は発展してきたんじゃないだろうか。

自分にとって分かりやすい、おもしろい、都合のいい考えだけにしか触れなかったら、それは動かない水みたいなもので、やがて腐ってしまう。

経済でも、お金が動かないことには発展しない。

だから、君たちも常に「心が動いている」状態であった方がいい。

これから何度もこの本の中で述べているのは、「常に考える人であれ」ということだ。

「心が動いている」というのは、この「常に考える」状態とほとんど同じじゃないだろうか。

この本に書いてあることに納得し、かつ実行してくれたらそれはそれでうれしい。

でも、それ以上に僕が望むのは、「それはおかしい」とか「こんな考え方もあるんじゃないか」という、【自分の視点】を持って読んでもらいたいということだ。

受動的ではなく、能動的に読んでほしい。

そうすれば、この本に書いてあること以上のことが掴めると思う。

人から与えられたものよりも、自分で掴んだものの方が価値があるし、まさに「自分の血肉」にすることができるはずだよね。

前置きはこれくらいにして、本題に入っていこうか。

まず、僕（大人）が、君たちに何かを伝える資格があるのか。

あるとするなら、それはどこにあるのかということ。

僕ら大人が、君たちに絶対に負けないものがひとつだけある。

それは年齢だ。

「当たり前だろ！」と思うかもしれないけど、その他に大人が子どもに「絶対に負けていない」と言えるものは、考えてみたら意外とないことに気付かないかな？

大人の方が知識はあるかもしれない。

でも知識なんて、その分野に興味を持って、時間をかけて努力さえすれば誰でも身につけることができる。

たまにテレビで大人顔負けの技術とか知識を持った子どもを見る。

「へー」とは思うけど、別にその子がものすごい才能を持っているわけではなくて、たまたま人とは違う分野に興味を持って努力した結果だから、僕はそんなに特別なことだとは思わない。

例えば「円周率が3ではいけない理由」を小学生が説明する。

そんなことに興味を持つ小学生は確かにおもしろい才能を持っているかもしれないけど、別にそのこと自体が「スゴイ」ということではないと僕は思う。

だって成長して学校で勉強すれば誰でも理解できることを、人よりも少し早く理解してるだけなんだよ。

他の子よりも少しだけ背が伸びるのが早いのとそんなに変わらない、と僕は思うけどね。

だから、知識があるから大人がエライわけでもないし、ましてや力が強いから言うことを聞かないといけないわけでもない。

じゃあ子どもと大人は対等なのか?と言われると、いや、それは違うと思う。

絶対に違う。

それは大人の方が年上だから。

「は?」と思った?

僕は、自分より年齢を重ねている人に対しては、相手が誰であれ、一定の敬意を払うべきだと思っている。

なぜなら、年上ってことは単純に自分より人生経験があるってことだろう?

そりゃ、どうってことない経験ばっかりの人もいるだろうけど、そんな人でも「自分よりも長く人生を歩んできた」ということは確かだからね。

それだけでも、一応(?)は敬意を払う理由にはなると思う。

このあたりの考え方は人それぞれだろうけどね。

ちょっと言い方が悪いかもしれないけど、年上の人がバカな人生を歩んできたとしても、それを自分たちに見せてくれるわけだよ。反面教師として。

本人にはそんな意識はないと思うけどね。

だから、大人っていう存在は別に偉くもないし、尊敬するべき人がそんなに多いわけでもないんだけど、ただ考えようによっては「利用できる」というか、参考にするべき存在ではあると思う。

例えば、登山をするときに、ここから先の登山道はどうなっているのか、どのあたりが注意するべきポイントなのか、先に登った人が教えてくれたら、安全に登頂できる可能性はかなり上がるだろう？

仮に、無謀なことや危険なルートを通って、遭難したりケガをしたりしたら、その人にとっては災難（自己責任だけど）に違いないが、あとから登る人からしたら、これ以上ない教訓になる。

だから、自分よりも年上の人から色んな話を聞くことは、どんな話であっても決して無駄にはならない。聞く姿勢にもよると思うけどね。

「○歳にもなってこんなつまらない話しかできないのか」と思うこともあるだろうけど、それさえも「自分はこんな大人にならないようにしよう」と自戒する材料にはなる。

僕はまだ四十四年しか生きていないけど、幸か不幸か同年代の人よりも色んな経験をしてきた。

絶頂も絶望も味わった。成功よりも失敗、それも大失敗のほうが多い。

でも、だからこそ「どうすれば失敗しないか」「こうすればうまくいく」ということは他の人よりも知っている。

今、家庭教師として生徒と勉強する毎日だけど、その中で心掛けているのは「自分が中学生、高校生のときに言ってほしかったことを言おう。もしあのころの自分に戻れるなら、こうアドバイスしよう」ということ。

そりゃ失敗から学ぶこともあるけど、避けることができる失敗は避けた方がいい。

そうじゃなくても失敗のない人生なんてないんだから。

だったら、成功も失敗もたくさん知ってる人の話を聞いといたら、いつか役に立つんじゃないかな？

僕がこれから年下の君たちにいろいろと書いていく前に言っておきたいのは、「今がどんな状況にあろうと自信を持て。自分を信じろ。あきらめるな」ということ。

家庭教師の僕がこう言うのはどうかと思うけど、学校の成績が悪くてもそんなことは気にしないでいい。

まだ君たちは人生の中の「予選」を戦っているに過ぎない。

予選で勝っても、本選で負けたら意味がないだろう？

いま予選で調子がいい人、ぶっちぎりでトップを走っている人、順風満帆な人だって、そのまま本選でも調子よくいける保証は全くない。

いや、むしろその可能性は低いと言ってもいい。

逆に、いま予選で苦しんでいる人だって、本選では挽回できる可能性は大いにある。

だから、まずはビリでもいいから、途中であきらめないで予選を突破しよう。

ウサギではなく、カメになれ。

いや、ウサギでもいいんだけど、「カメのようなウサギ」になれ。


人間は毎日を楽しく生きるために、充実した幸せな人生を送るために生まれてくる。


今から書くことは受験対策でも、成績向上のコツでもない。

いわば、「今を充実させて、先で失敗しないようにするためのコツ」だ。

書いてある内容について賛成・反対、色んな意見や考えがあると思うけど、そんなことはどっちでも構わない。


とにかく、自分の今と将来について考えるきっかけにしてもらうのが、この本の目的です。

最後まで読んでくれたら必ずいいことがある、とまでは言えないけど、君たちのやる気を削いだり、落ち込ませたりすることは絶対にない。

頑張って最後まで読んでみてください。

1　事後性の克服

政治の世界に興味がある人いるかな？

政治とは何だろう？

簡単に言えば「利害を調整すること」「ケンカにならないように、ある程度はみんなが納得するような結論を出すこと」ということ。

もちろん、法律や条例を作ることが政治家の人たちの役割ではあるんだけど、それって結局は「色んな人の言うことを聞いて妥協点（何とか納得できるところ）になるような決まり（法律や条例）をつくる」ってことだよね。

だから、人間の様々な感情が入り込んで、駆け引きがあり、ときに「人間の汚さ」みたいなものが見えてしまうのが政治の世界だ。

「政界は一寸先は闇」という政治の世界を表した有名な格言がある。

一寸ってだいたい3㎝だから、たった3㎝先のことさえ予想できないってことになる。つまりそれだけ「何が起こっても不思議ではない世界だ」ってことだろうね。

でも、よく考えてみたら「一寸先は闇」っていうのは、何も政治家の世界だけの話ではなくて、僕たちが生きている日常でも同じじゃないかな。

まあ、「一寸」は言い過ぎかもしれないけど、僕たちの日常でも「思ってもみなかった」ということがよく起こる。心当たりない？

うまくいくと思っていたテストで全く予想外の点数だった。

部活動の試合で必ず勝てると思っていた相手に負けた。

思いがけないトラブルで病気になった。ケガをした。

災害で大きな被害を受けた。

今や日本各地で毎年のように起こるようになった地震や豪雨による災害をニュースで見るとき、やはりどこか他人事に感じていないだろうか？

僕も五年前に熊本地震を体験したけど、まさか自分があのような災害の当事者になるとは思ってもみなかったというのが本音だ。

言われたら分かることだけど、振り返ってみると、やっぱり予想通りにいくことはあまり多くはないことが分かるんじゃないかな？

そして、さらに考えを進めてみると、僕たちが毎日やっていることっていうのはつまり、自分の予想（希望）通りに物事を進めるための準備だということが分かると思う。

これくらい勉強すれば、これくらい点数が取れるだろう。

こんな感じで試合を進めれば、勝てるだろう。

このような食生活をしていたら病気になる可能性が高いから、見直してみよう。

この規模の災害が起きたときの備えは、これくらいだろう。

こうやって予想し、それに応じた準備をする。

予想通りの結果が出たら、その準備が正しかったということになるし、逆の結果が出たら、準備不足か、もしくは準備そのもののやり方が間違っていたということになるわけだ。

したがって、予想とそれに対する準備が上手な人は、人生の大部分をコントロールできる。単純に言えば「うまくいく」可能性が高くなる。

これを「事後性の克服」というんだよ。

言い換えれば、「経験してからでないと分からない」ことを先取りして学び、工夫・努力して、失敗を未然に防ぐということ。

さらに簡単に言えば、「経験して、振り返ってみないと分からないことを、事前に学んでおく」ということになる。

この「事後性の克服」を身につけることができれば、自分が思い描いた通りの人生を歩むことができるよね。

もちろんすべてが思い通りにいくことなんて不可能というかあり得ないことなんだけど、「思いがけなかった」「予想外だった」という出来事が減るわけだから、有利になることは間違いない。

今これを読んでいる人の状況はそれぞれだと思うけど、まず考えてみてもらいたいのは「このまま進んだらどこに行き着くかな」ということ。

要するに、近い未来でも、遠い未来でもいいから、自分の先の姿を予想してみよう。想像してみよう。

そうしたら、自分の毎日で改善するべきところが見つかるんじゃないかな。

ポイント!

「このままの調子でいくとどのあたりにたどり着くか」を考えてみたらおもしろい。

2　「見たくないものを見る」人間になろう

僕がこの本で書いていることは、大人でもやるのは難しいことばかりだ。

何を隠そう、書いている僕だって、すべて実現できているわけではない。

実現しようと努力はしているけれど。


だから、これを読んでいる君たちにとっては、かなり大変なことばかりだと思う。

でも、大人でも難しいことに、中学生、高校生で挑戦するからこそ価値があると思わないか？

僕は三十歳を過ぎてから、色んなことに気付いた。

人生がひっくり返るような失敗をしたことがキッカケだったんだけど、「もっと早く気付いてたらよかったなあ」と今でも思う。後悔先に立たず。


さて、本題に入ろう。


「事後性の克服」ができれば、それは「未来をできる限り自分の思い通りにする」ことに繋がると書いた。

考えてみれば当たり前のことだよね。

簡単に言えば、「将来に起こることを予測して努力する」ってことなんだから、それを実行すれば良い結果が出ることなんか誰にでも分かる。

問題は「どうやったらそれを実現できるか」というところにある。

考えてみると、僕が失敗したときも、「このままの状態で進んでいってもいい結果にはならないんじゃないか」とおぼろげながら気付いていた。

つまり「これから起こることについて予測」はある程度できていた。

軌道修正しないといけない、もしくは、やめないといけないことは分かっていた。

それなのに、なぜそれを実行しなかったんだろうか。

最も大きな原因は「目の前にある見たくないものを見ようとしなかった」ところにある。

僕は、この「見たくないものを見ない」という性質は人間の弱点として最もタチの悪いものだと思うんだよ。

人類は、これまでたくさんの失敗をしてきたけれども、その多くは「見たくないものを見なかった」という原因によって引き起こされたと言っていい。

例えば、今から七十年以上前に日本はアメリカをはじめとする連合国軍と戦って、負けたことは知っているだろう？

太平洋戦争だ。

戦争ってのは本当に悲惨だよ。

いや、実際は悲惨という言葉が陳腐に感じられるくらいの状況に違いない。

君たちも学校の「戦争教育」の中で、いろいろな映像や写真を見たことがあるだろう?

さっきまで隣で話していた友人が、あっという間に銃で頭を撃ち抜かれる。

その友人を浜辺で焼く。

飲み水がなくて、水溜まりの水を飲む。

こんなことが普通になるのが戦場であり、戦争だ。

新型コロナウイルスの世界的な流行で、「普通が普通でなくなった」とよくいわれたけど、戦争の最前線に比べたら大したことない。


あまりに僕たちの日常からかけ離れているから、「戦争を想像しろ」と言われてもできはしないけど、実際に僕たちと同じ人間が、あんな悲惨なことをした。

僕はあの戦争から日本人が学ぶことがあるとしたら、「戦争反対」と叫ぶことだけではなくて、自分も状況次第ではあんな悲惨なことをする可能性があるということを自覚することだと思う。

そして、あの戦争で戦ってくれた僕たちの先祖や、敗戦の後、必死に日本を立て直した人たちのおかげで今の僕たちの生活があることを忘れないようにすることが、先人に対する最低限の礼儀であり、本当の平和教育だと思うけど、君たちはどう思う?

話を戻そう。

あの戦争に至った経緯やその意義、アジアの各国に与えた影響については色んな議論や評価があるけれども、いずれにしても日本は「ボコボコにされた」と言ってもいいくらいに負けた。負けたわけだから、そこには負けるだけの理由、原因があったわけだよね。

その最たるものが「見たくないものを見なかった」ことだと、僕は思う。

当時の軍部の人たちのインタビューが残っているんだけど、異口同音に「負けるのは分かってた」と言うんだよ。

それならなぜ負けると分かっている戦争を続けたんだ？って思うよね。

そしたら、また異口同音に「分かってはいたけど、言える空気じゃなかった」

「言わないといけなかったと思うけど、なんか空気的に言えなかった」

そして、結局はやっぱり良くない結果になること。

今でも僕たちの日常で似たようなことがないかな？

これって「目の前にある見たくないものを見ない」ことと同じだよね。

「引き返すなら今しかない」と思っても、

「まだイケるって言ってる人もいるし、状況が変わるかもしれない。それに自分が言い出しっぺになって、あとで責任を追及されるのも困るし……」

そうやって時間だけが過ぎていく。

戦況はどんどん悪化する。

国民に向けては、「撤退」を「転進」と言い換えて誤魔化す。

上層部がこんな状態なんだから、国民はたまったもんじゃないよね。

当時の状況を記録したものを読めば読むほど、日本は「負けるべくして負けた」と言える。


他にも例はたくさんある。

大きな会社で不正が行われたり、それによって業績が落ち込んだり、消費者の信頼を失ったりするニュースが年に何回も報道される。

そんな場合でも、不正や失敗の「芽」に誰かは気付いてるはずなんだよ。

断言してもいい。

それでもやっぱり、早めに悪い芽を摘み取るっていうのは難しい。

「自分が社長でいる間に悪いニュースは出したくない」とか「自分の責任を追及される」と思ってしまうからね。

だから問題があると分かっていて、「何とかしないと」と思っても、結局は「先送り」してしまう。

そっくりでしょ、戦争に負けた日本と。

言うまでもないけど、軍部のリーダーも企業のトップもみんなバカじゃないんだよ。むしろエリートの中のエリートだ。

そんな人が間違いを起こすんだから、やっぱり「見たくないものを見ない」っていうのは人間が持つ最大の弱点と言っても過言じゃないと思うね。

もうひとつ身近な例をあげるなら、ダイエットがピッタリだ。

君たちはまだダイエットなんて考えもしないかもしれないけど、大人、中でも女性にとってダイエットってのは「永遠のテーマ」といってもいいくらいの問題だ。

ダイエットがひとつの「産業」になってるのは、その証拠だ。

パーソナルジムとか、サプリメントとか、運動器具とか、こう書いてても次から次に出てくる。

それだけみんなダイエットに失敗している証拠でもあるよね。

じゃあ、何でほとんどの人がダイエットに失敗するんだろう。

答えは簡単だ。

「体重計に乗らないから」なんだよ。意外に思うかもしれないけど。

もちろん、他にも理由はあると思うけど、この「体重計に乗らない」っていうのが最大の理由だと僕は考えている。

ダイエットするってことは、単純に「体重を減らしたい」ということなんだけど、そのためには、「今どれだけ体重があるのか」を把握しないといけない。そんなこと誰にでも分かる。

でもね、それが難しいんだよ。

「もし〇〇kgあったらどうしよう」って思ってしまうんだろうね。

まさに「見たくないものを見ない」という状態だ。

だから逆に言えば、体重計に乗って、自分の体重を見れば、ほとんどダイエットは成功したようなものだ。

なぜなら、そこから食事を減らしたり運動したりして、また体重計に乗れば、確実に体重は減ってるよね？

そうしたら、「また明日からも頑張ろう」って気持ちになる。誰だって。

でもこれが簡単なようでほんとに難しいんだよね。

僕も何年かに一度のペースで減量するんだけど、「最近ちょっと増えてきた気がするな」と思っても、やっぱりスタートで体重計に乗るのが怖い。

やっぱり、最初で最大の関門だと思う。

「今日は食べ過ぎて、いつもよりちょっと増えてるだろうから、乗るのは明日にしよう」とかいろいろと言い訳を考えるうちにすぐ何日かが過ぎていく。

最終的には「よし！」と決意して乗るんだけど、そこからはほとんどスムーズに減量できる。

これはダイエットに限ったことではなくて、例えば貯金とか学校の成績でも同じことだと思うんだよ。

自分の経済状況や成績の状況があまり良くないときは、誰だってそれを直視したくはない。「見たくないものを見る」というのは、人間の本能に反することなんだから、やるとなったらかなり大変だ。

でも、「いま自分が見たくないものって何かな」と考えることくらいはできるだろ？

まだ、そんなに焦る必要はないんだから、「見たくないもの」を意識するだけでもいいから、やってみたらどうかな。

そうしたら、「見たくないもの」っていうのが、実は「見なくてはならないもの」だと分かると思うよ。

ポイント

「見たくないものを見る」という姿勢は成功への第一歩だ！

3 「どんな子が伸びるんですか」

ここまで、ちょっと小難しいことを書いたから、別の視点で考えてみようか。

仕事以外の席、例えば結婚式など初対面の人と会う場面で、僕の職業が家庭教師であることが分かると、ほとんどの人が「どんな生徒が伸びるんですか？」と質問してくる。

「そんなこと聞いてどうすんの？」と思うけどね。

それに一言で「伸びる」といっても、単に成績が上がって志望校に合格したという以外にも、「精神的に大人になった。人間的に一回り大きくなった」ということもあるし、「大学受験のときは苦労したけど、大学に入ってからは成績も上位をキープして頑張っている」という生徒もいるから、ひとくくりにはできない。

とは言え、たぶんこの人の質問の趣旨は、単純に「成績が上がるのはどんな生徒ですか？」ということだろうから、僕もそれに沿って答える他ない。

じゃあ僕がどう返すかというと、「思いやりがある生徒が伸びます」と答えるんだよ。

相手からしたら、「小さいころから読書をしていた子は伸びます」とか「やっぱりコツコツ頑張る子が伸びます」とか、そんな答えを予想しているんだろうから、僕の返答にちょっとビックリする。

中にはあからさまに「そんな答えを求めているんじゃないよ」という顔をする人もいるけど、僕は何も相手を困らせようとしているわけではない。

本当に「思いやりがある生徒が伸びる」という確信を持っているんだよ。

なぜそう考えるかというとね。

小学校の低学年の子どもならまだしも、高学年、遅くても中学生になったら、自分が生活するうえで色んな人が関わっていることが分かってくるだろう？

関わっているというよりも、色んな人の「思い」で自分が支えられているという事実に気付く。

そりゃ、中学生くらいであまり大人になり過ぎるのも考えものだけど、普段はやんちゃしてる子でも、ちょっと落ち着いて考えたら、周りの人からの「思い」があって自分があるということくらい理解できるんじゃないかな？

その「思い」の中で一番大きなものはもちろん親からの愛情だろうし、他にも学校に行けば先生方が熱意をもって、君たちのために色んな工夫をして授業をしてくださる。

今はほとんどの生徒が塾に通ってると思うけど、塾の先生方も、君たちの成績を少しでも上げよう、1点でも多く取れるようにと努力されてる（例外はあるけどね）。

僕は、自分のために愛情を注いでくれる人がいたら、その思いに応えたいと感じるのが人間として普通だと思うんだけど、君たちはどう思うかな？

要するに、「誰にでも優しく接しよう」というような表面的なものとは違う、何というか深い部分での「思いやり」だ。

少なくとも僕がこれまで指導してきた生徒で、それまでは冴えなかったけどある時期を境にして成績が伸び始めた子は、周囲からの「思い」に気付いて少しずつ努力を始めたパターンが最も多い。これは事実です。

「自分を支えてくれる人たちのために勉強しようよ」と言っているわけではないから、そこは誤解しないでもらいたい。

何かを「学ぶ」というのは専ら自分のためにやることであって、人のためにやることではない。

僕が言いたいのは、周囲を見渡して自分の姿を客観的に見ると、絶対に何か気付くことはあるはずで、それは「じゃあやってみるか」というきっかけになり得るということ。

繰り返しになるけど、僕の生徒では実際にそこからスタートして大きく伸びた生徒が多い。

「それじゃあ成績が良い生徒はみんな思いやりがあるんですか？」と言われたら、そうとも限らないんだけどね。

大学受験までの勉強は一種の「競技種目」だから、初めからその競技に「向いている」人がいる。スポーツと一緒だよ。

初めからサッカーとか野球が得意な人がいるだろ、あれと同じ。

だから、もともと計算が速いとか漢字を覚えるのが速い子がいるのは、単に「向いている」というだけだ。

幼いころはそれを「○○君はアタマがいい」と捉えがちなんだけど、必ずしもそうではない。本質的な頭の良さとは関係がないと言ってもいいくらいだ。

とにかく、あまり努力をせずに勉強ができる子ももちろんいるんだけど、そんな勉強に「向いている」子でも、ほとんどの場合、高校生になってから壁にぶつかる。

要するに、「向いている」という、持って生まれた才能だけでは通用しなくなるということだ。

中学までは、自分の「特技」としての勉強で通用する、高校からの内容はそんなに甘くない。

そこで、「自分くらいのレベルはたくさんいるんだ」と気付くんだね。

そして、それまで自分がやってきたことや、自分が置かれている状況を客観的に見るようになる。見ざるを得なくなる。

僕はここでポイントになるのが「思いやり」だと思うんだよ。

周りからの支えなしに生きている人なんてひとりもいないんだから、それまでにいくら成績が良くて、難関の高校に入ってても、それが自分だけの力で達成できたことではないことに気付くはずだよね。

それに、勉強してもなかなか成績が上がらない人の気持ちも分かるようになる。

ここで色んなことに気付いて、「さあここからが本当の勝負だ」と思って頑張れる子なら、「頭がいい」と言ってもいいのかもしれない。

少なくとも、「周りを見渡して、色んな事に気付く」という感性があるのは間違いない。

その「感性」こそが大事だと僕は思うんだよ。

ポイント!

本当の意味での「思いやり」と「頭の良さ」は繋がっている！

4 「人」から「人間」になる

僕はほんとうにたくさんの先生に恵まれてきた。

今でもたまに小学校時代の担任の先生が夢に出てきたりするから、普段は思い出さなくても頭の中にはしっかり残ってるんだろうね。

人間の脳はおもしろいなとつくづく思う。

さて、その先生方の中で、僕が家庭教師として働き始めてからよく思い出す先生がいる。

仮にK先生としておこう。

たぶんその当時はまだ三十歳くらいだったと思う。

見た目はあまり良くなかったけど、男らしくて、ユーモアがあって、授業もその途中に挟む話もおもしろい。

たまに怒るとめちゃくちゃに怖い先生だったんだけど、その中でよく覚えてる、というか、今でも考えてしまう話があるんだよ。

ある日の昼休みか放課後か、先生の机の周りにたむろしてたら、いきなり、

「おい、お前はいつから人間になった？」

「は？　いつからって、そんなの生まれてからに決まってるじゃないですか」

「バカだなお前は。もっと質問に対して深く考えてみろよ」

「いや、考えろって言われても……生まれたときには人間でしょ？」

「バカだな、お前は」

こんな会話があって、次の日に、

「おい、昨日の話、考えたか？」

「まあ一応は考えましたけど……。昨日も剣道で疲れてたから……」

「剣道も悪くないけど、もっと考えろよ。大事なことだぞ」

というわけで、また何日か考えた。結構本気で考えた記憶がある。

答えがないことについて考えたのは、これが初めてだったのかもしれない。

それから何日か経って、

「生まれたときはヒトという動物だけど、それから色んなことを経験して人間になっていくってことですか？」

ダメもとで言ったら、

「正解ではないけど、まあ良しとしよう。よく考えたな」

頭をポンと撫でてくれた。


そのときに先生が言われたのは、こんなことだ。

「いいか、人から人間になるってことは、つまり【こころ】を持つということなんだよ。【こころ】って言うのは、他人のこと周りのことを考える【こころ】って意味な。だから【人間】なんだよ。人と人との間について考えて初めて、ヒトという動物から人間になれる」

と、だいたいこんな意味のことを教えてくれた。

正直に言って、そのときは「ああ、なるほど。そうですか」という感じだった。言われてることの意味は分かるし、納得もしたけど、本当の意味での理解はできていなかったと思う。

やっぱり、このときに先生が言われたことは、何か自分が壁にぶつかったり、思わぬ不運に見舞われたりしないと、理解はできないことだと思う。

先生もそれを分かっておられたに違いないんだけど、それでもあえてまだ四年生だった僕に教えてくださった先生には今さらながら感謝していると言う他ない。

色んな人生経験をする中で、他人の思いやりに触れたり、助けてもらったりすることがあるけど、そのときに先生が教えてくださった「人間」という言葉の本当の意味が徐々に、身体に少しずつ沁みこんでいくように理解できるようになった。

K先生は「なぜ人は他人を思いやるという心を持たないといけないんですか？」という、ある意味では屁理屈ともいえる根源的な問いに対しての答えを、あらかじめ僕に教えてくださったのかもしれない。

「人と人との間で思いやりを持つことができなければ、単なる動物に過ぎない」

強引で非科学的ではあるけれど、最低限の道徳についてこれ以上明快で核心を突いた言葉はないと僕は思う。

ポイント!

周りの人との関係を考えることは、自分という人間について考えることにもなる。

5 多面的に見る・考える

今年（二〇二二年）の二月にロシアがウクライナに侵攻してから世界の混乱が続いている。

テレビやネットのニュースでは、ロシアやプーチン大統領の非難ばかりだ。

君たちはこのニュースをどう見ているだろうか？

マスコミ、特に民放テレビの基本は「お金儲け」だから、そこはしっかり認識しておこう。

つまり、「世間の注目を集めて、番組の視聴率を上げる」ことが目的であって、ニュースを伝えるのはその手段でしかない。

さらに言えば、「世間の注目を集めるニュース」しか流さない。

いや、別にテレビ局を批判しているわけではないんだよ。

批判しても仕方ない。マスコミとはそういうビジネスなんだから。

とにかく、テレビや新聞、ＳＮＳなどのメディアで流れる情報を鵜呑みにするのだけは止めた方がいい。自分の頭で考えることができない人になってしまう。

今は学校でも「情報」という科目があって「情報リテラシー」などという言葉についても勉強してるみたいだから、そう簡単にマスコミの情報を信じる人もいないとは思うけど、それでも大多数の人はマスコミの情報を真に受け、それによって世の中が動いていくのが現実だよね。

マスコミが、司法・立法・行政に並ぶ「第四権力」と言われる所以だ。

つまりそれだけ「自分の頭で考えることができない人」が多いということでもある。

君たちの目の前に一本の透明な円柱型のボトルがあるとしよう。

空っぽに見える。

このボトルを普通にただのボトルとして見たら、まさに単なるボトルでしかない。

だけど、これを真上から見ると、どうだろう。

真横から見ると、どうだろう。

円に見えたり、長方形に見えたりしないか？

そして透明で液体が入っているようには見えないけど、だからといって中にただの空気が入っているとは限らない。純度の高い酸素かもしれないし、窒素かもしれない。

いや、もしかしたら、その円柱型のボトルは、実物に見えるほど精巧に描かれたデッサンという可能性だってある。

まぁ要するに、情報や物事、ニュースを多面的に見ると色んなことが分かるということが言いたいわけだ。

逆に、「ある一面」のみを切り取って、さらに独自の解釈を付け加えて伝えてるのがマスコミ各局の報道だということになる。

「独自の視点でお伝えします」とか言ってるけど、僕からしたらいい迷惑だな。

「事実をそのまま伝えてくれよ」と思う。

それもまた不可能なことかもしれないけどね。

僕はヒトラーもスターリンもプーチンも、別に戦争や人殺しが好きだったわけではないと思うんだよ。

人間の本能としては、やっぱりケンカしてるより、仲良くしてた方が気分はいいはずだから。

そりゃ確かに、戦争（殺人）という究極の手段を使ってでも自分の権力や体制を維持するという意味では、彼らが普通じゃ考えられない、言ってみれば「危険人物」には違いないけど、それを言うのなら古代から中世、近代に至るまでの歴史で英雄とされている人でも他国の領土に攻め入ってそこを奪ったという点では、同じじゃないだろうか。

「時代が変われば価値観も変わるものだ」といわれるかもしれないけど、それで片付けてもいいのだろうかと思う。

第一次世界大戦のあと、「もうこんな戦争はやめようよ」ということで、国際連盟（League of Nations）なる組織がアメリカ大統領・ウィルソンの提唱で作られた。

でもね、アメリカ自身は国内の議会が反対して国際連盟には参加していないんだよ。

笑えるだろ？

国際政治の欺瞞性を象徴する出来事だと言っていい。

アメリカが参加しないからほとんど役に立たず、結局は第二次世界大戦が始まる。

ちなみに、ロシアの前体制であるソビエト連邦は、一九三九年のフィンランド侵攻を理由に国際連盟から追放処分をうけている（ロシアは同じようなことを再びやってるわけだ）。

そして第二次世界大戦が終わったときに性懲りもなく国際連合（United Nations）なるものを作ったのはみんなが知っている通り。

日本ではこの「国連」という組織がなぜか妙に有り難がられているが、英語表記を日本語に訳すと「連合国」となるように、単なる第二次世界大戦の戦勝国が利害調整のために作った組織に過ぎない。

戦勝国であるアメリカ、イギリス、フランス、中国、ソ連（ロシア）だけに「拒否権」を持たせているところがそれを証明している。

もうひとつ付け加えておくと、この国連を運営するための資金（分担金）は加盟している各国がその経済規模などに応じて負担するんだけど、日本の負担率は約8％で3位なんだよ。

1位は当然だけどアメリカ。2位は中国。

二〇一七年まで日本は9％以上を負担していて2位だった。

戦争に負け、国連では常任理事国でもない、「拒否権」も持たない、つまりほとんど何の権限もない日本が、だよ。

つまり、「口は出させないけど、お金は出せ」ということでしょ？

しかも、アメリカはこの分担金を滞納してる、つまり払っていない。

信じられる？

これは僕の主張ではなくて、事実だからね。

こんな組織を有り難がる日本はほんとに「どうかしてる」と思わないか？

いずれにしても、物事の一面のみを見るのも、それによって自分の意見を形成するのもあまり賢い態度ではないのは確かだ。

一般論で言えば、ロシアは侵攻を止めるべきだ。

僕だってそう思う。

ただ、アメリカや日本をはじめとするロシアを非難している国は、他国に侵攻したことはないのか。

これから先、何らかの理由をこしらえて侵攻する可能性もないのか。

少なくとも、それらのことを考えながら論じるべきではないだろうか。


一方から見たら善、でも反対から見たら悪。

そんなこと、世の中のあちこちにあるだろう？

だから、ある問題について「自分は賛成だ」と思ったら、あえて反対の立場にたって考えるクセというか、訓練をしてみたら思考力を鍛えることができると思う。

そうすることで、自分の意見の弱点も見えてくるし、「絶対的な善」も「絶対的な悪」も実は存在しないことが分かるんじゃないかな。


ポイント！

物事を多面的に見る、考える訓練をしてみよう！

6　一日の力、ひとりの力

毎年、年末になると「今年はどんな年だったかな」と考えるよね、ぼんやりとでも。

そして、お正月が来たら、やっぱり「今年は○○な年にしたいな」と、ほとんどの人が思うんじゃないだろうか。


良い年、悪い年の違いって何だろうか。

「良い出来事とかイベントがあったら良い年で、逆にイヤな思い出ができた年は悪い年」ということになるんだろうね、普通は。

でも、よく考えてみたら、記憶に残るほどの良い出来事とかイベントがあったといっても、せいぜい一年のうちで十日とか、それぐらいじゃないかな?

もちろん逆も同じ。

いくら「今年はついてなかったな」と思った一年でも、さすがに毎日悪い日ばかりではないはずだ。

要するに、一年の中では「普通の日」の方が圧倒的に多いということなんだよね。


ということは、こうは考えられないかな?

つまり、良い出来事が起こるか、逆になるかは、その圧倒的に多い「普通の日」がカギを握っているということ。

考えてみれば当たり前のことで、例えば部活の試合でも、模試でも、日ごろの積み重ねが、ほぼそのまま結果となって現れる。

そうだろう？

「日ごろ努力してても結果が出ないことだってあるよ」と思う人もいるかもしれないが、結果が出ないということは、それは努力とは言えない。

努力が足りない、もしくは努力の仕方が間違っているから結果が出ないわけだ。

「勝ちに不思議の勝ちあり。負けに不思議の負けなし」という言葉がある。

思いがけずいつも以上の力が発揮できたり、幸運が重なったりして勝つということはある。でも、「不運」で負けることは絶対にない。日常や訓練（勉強や練習）の過程に、必ず負けに繋がる「根本的な要因」が隠されているという意味の言葉だ。

「努力すれば結果はついてくる」「努力は裏切らない」という言葉は危険なんだよ。

なぜなら、結果が出なかったとき、続けて努力する気力が萎えてしまう可能性があるだろう？

中学生、高校生のうちから「結果が出てこそ自分がやってきたことは努力といえる」という考えを持っていたら、少しくらいの挫折でへこたれることはない。

言い換えたら、「結果が出ないときに自分以外のせいにしない」ということかな。

難しいけど、「努力」に対してどう考えるかというのは、とても重要だと思うんだよ。

話を戻そう。

一年は一日一日の積み重ねなんだから、「いい一日」さらに言えば「充実した一日」が多ければ多いほど、良い一年になる可能性は高い。だから、「どうすればいい一日になるか。充実させることができるか」を真剣に考えることで、結果的に良い一年に近づけることができる。

これは意外と簡単なんだよ。

誰でもそうだと思うけど、人間ってちょっとのことで気分をよくすることができる。気分を良くすることが、充実に繋がることは言うまでもない。

例えば、早起きするとか、腕立て伏せを10回だけでもするとかね。

「は？　そんなことするだけで充実する？」と思うかもしれない。

でもね、人間ってちょっとでも頑張ってみると、思った以上に充実感を得られる動物なんだよ（これは親編でも書いたから、あとで読んでもらいたい）。

それで、少しでも気分が良くなれば、「明日はまた別のことをやってみようかな」とか「明日はもう少し頑張ってみようかな」というように、好循環が生まれる。

だから、今うまくいっていない、充実していない人は、ちょっとのことでもいいから自分の生活を見直して、ちょっとのことでもいいから新しいことを始めてみよう。

この「ちょっとのこと」というのがポイントだ。

いきなり大きなことを始めても続かない。

続かなかったら、気分が落ち込む。

そしてまた振り出しに戻る、ということになりかねない。

だから、初めは少しずつ小さなことから始めてみよう。

必ずいいことがある。保証してもいい。


こんな風に「小さなものの集まりで大きなものができている」と考えると、色んなことが見えてくる。

例えば、学校でも、市でも町でも、さらに言えば国でも、一人ひとりの集合体だ。

だから、良い学校、良い町、良い国にするためには、「よい一日を過ごしている、よい人間」を増やすのが手っ取り早い。

毎日が充実している生徒が多い学校の雰囲気が悪いはずはない。町でも国でも同じ。

だから、小手先のことをとりあえず置いといて、まずは「一日を充実させる」。

そんな人が増えれば、日本は必ず世界の中で光る国になるだろうし、そのことで恩恵を受けるのは他ならない僕たちなんだよね。

一日の力、ひとりの力ってのは馬鹿にできないどころか、途轍もなく大きいことが分かってもらえるんじゃないかな。

ポイント!

世界も人生も、もとをたどれば小さな「元素」の集合体だ!

7　目標ではなく目的を持って生きる

ほとんどの生徒は毎日学校に行って、授業を受け、部活の練習をして、また家に帰るという生活を送っているよね。

そのあとに、塾や他の習いごとに通っている人も多いと思う。

何らかのスケジュールをこなすということは、それがどんなことであれ多少の労力を必要とするけど、その労力がどの方向に向いているかを考えたことがあるだろうか?

「労力は使ったけど何も得るものがなかった」というのは誰もが避けたい。

だから、せっかく労力を使って何かをやるなら、労力を努力にしないといけないし、その努力も「正しい努力」にする必要があるのは先に述べた通りだ。

できるだけ少ない努力で、できるだけ大きな結果を得なければいけない。

こう書くと、何かインチキを勧めているみたいだけど、そうではなくて、努力の「量」ではなく「内容」で勝負をする必要があるということだよ。

さて、ここからはその「内容のある努力」をどこに向けるかという話なんだけどね。

君たちは、受験や公式試合を目指して、日々勉強し練習しているわけだから、それらを「目標」にするのは当然だと思う。

その目標を達成するために、さらに目の前の目標、模試や学校の定期テスト、地方予選や部内試合を確実に突破しなければならないから、それに向けて努力を重ねることも当然だ。

したがって、「目標」が君たちにとって必要で、また重要であることは認める。

でも、僕は君たちに、この「目標」という言葉について考えてみてほしい。

「目標」という日本語にはどのような意味があるのか、こころみに辞書で調べてみようか。

『デジタル大辞泉』という辞書には「そこに行き着くように、またそこから外れないように目印とするもの」「行動を進めるにあたって、実現・達成を目指す水準」とある。

またさらに字が持つ意味を考えると、「標」という文字には「しるし、しるべ」という意味がある。

つまり、言葉が持つ意味、字が持つ意味から考えると、「目標」という言葉がもつのは、最終地点ではなくて、あくまで「通過点」という意味だということが分かるだろう。


では一方で最終地点を意味する言葉といえば何を思い浮かべる？

ゴールとか、到達点とか、最終目標とか、終点とか、まあいろいろあると思う。

僕が「目標」という通過点の先にあると考える言葉は「目的」だ。


繰り返すけど「目標」は最終的に目指す行き先や場所ではなく、単なる「道しるべ」に過ぎない。

例えば、「医師になる」という目標を立てる。

「野球で日本一になる」という目標を立てる。

どちらも、大変な目標だ。

実現できたら、その喜びは一生忘れられないものになるだろう。

目標に向けて努力し、それを達成したという自信にもなるし、何よりそれは周りからの「信用」にも繋がる。いいことづくめだ。


でも、考えてみてほしい。

医師になっても、野球で日本一になっても、そこがゴールなのだろうか。

そこから先はどうする？

医師になってから先、日本一になってから先の方が長いんだよ。

それに、もし挫折して、その「道しるべ」がなくなったらどうする？

どっちにしても、行き先がなくなってしまわないか？


「また次の目標を定めて頑張ればいいじゃないですか」という人もいるだろう。

確かに、次々と目標を定めてそれを達成する、もしくは失敗したらまた別の目標を目指して努力するという生き方もある。

でも、それはあてもなく旅をして生きていくようなものだ。

そのような生き方を否定するつもりはないんだけど、次々に目標を立てるのは意外と難しいんだよ。それが大きな目標であればあるほどね。


「燃え尽き症候群」という言葉を聞いたことがあるだろう？

超一流と呼ばれるようなアスリートでさえ、ひとつの目標や記録を達成した後はモチベーションを維持するのが困難なんだよ。


だから目標の先に、目的を持つ。

言い換えれば、「自分の理想とする完成形」を持つこと、意識することが重要なんじゃないだろうか。

もう少し具体的に説明してみようか。

広い画用紙が長い人生だとしたら、そこに描く絵全体が「目的」で、その中にあるひとつひとつの風景や静物が「目標」だとイメージしてみよう。

人生はでっかい画用紙だから、色んなことを描くことができるけど、ぼんやりとでもいいから「最後はこんな絵にしたいな」と思いながら、考えながら描いた方が満足いく仕上がりになる可能性が高いと思わないか？

と言うより、誰でも絵を描く前には、全体の構想を大まかにでも考えるものだろう？

小さな子どもだってそうじゃないだろうか。

目の前にある「目標」だけを追って生きるってのは、その画用紙の中に、そのとき思い浮かんだり、見えたりした風景や静物をそれぞれ独立して描くことに他ならない。

だから全体の構想を思い浮かべながら描かないと、画用紙のあちこちに描いたものが仮にそれぞれうまく描けたとしても、一枚の絵画としては何となくまとまりのないものになってしまうと僕は思う。

逆に全体の構想を追って描いていけば、途中で少しうまくいかなくても最終的に良い作品に仕上げればいいわけだから、小さな失敗は気にせずに済む。

その失敗も完成のあとに見てみると、結果的には良いアクセントになる可能性もあるんだよ。


君たちが掲げる目標といえば、「○○大学に合格する、○○という資格を取る、○○大会で優勝する」という類だよね。

僕たち大人なら「売り上げや年収をアップさせる、家やクルマを買う、社会的な地位を上げる」などが一般的な目標になるだろう。

ほとんどの場合において、「目標」に共通するのは、「必ず他者が関係する」ということだ。

「いや、勉強や試験は、相手と戦うわけじゃないから他者は関係ないですよ」という意見もあるかもしれないけど、それは屁理屈であって、受験者がひとりという試験というものは基本的にはないだろうし、問題を作る人、論述問題を採点する人もいるわけだから、やはり自分ひとりではどうにもならない。成立しない。

スポーツや囲碁・将棋なんかの勝負ごとの場合は、言うまでもなく目の前の相手との戦いだから、他者があって初めて成り立つ。

大人の世界でも、自分ひとりがどれだけ頑張っても、それが顧客や周囲の人に評価されなければ、「目標」は達成できないことが多い。


一方で「目的」は違う。

完全に自分ひとりで完結させるものだ。

「僕の生きる目的は○○だ」と言ったとき、それについて他者から容喙される筋合いもないし、相手が誰であれ、それについての批判を受け入れる義務もありはしない。

たとえ親であってもね。


さらに言えば、目的を遂げるために一切他者の関わりが必要ない。

どんな人生の目的を持つにしても、それを他者に説明する必要はないだろ？

自分が生きるための目的なんだから、他者は関係ない。

つまり、目的を遂げるために必要なのは、完全に自分の意志であり努力でしかないわけだ。運も、他の誰かも全く関係ない。

簡単にいうと、完全に自分との戦いだということになる。

これは、簡単なようで難しい。

いや、見方によっては難しいようで簡単でもある。


誰の歌だったか忘れたけど、「旅は終わることはない。終わらせることはできるけど」という歌詞があった。

自分の人生の目的は、誰にも知られず、年齢を重ねるごとにどれだけでも高く大きくすることができる。

そして逆に、誰にも知られず、自分の勝手で、簡単に目的に向かう旅を終わらせたり、いつのまにか目的自体を忘れたりすることさえできる。

この「誰にも知られず」というのがポイントだよね。

人間はどれだけでも自分に厳しくすることもできる一方で、甘えようと思ったら際限がない。

したがって「目的」を持つという行為は、大人だけに許された特権と言ってもいい。

子どもじゃ考えることもできないし、自分の理想、目的に向かって、自分ひとりで進んでいくことなんかできないだろう？

ここで言う大人・子どもは単に年齢によって分けられるものではなくて、精神的な成熟度合いを指しているのは言うまでもない。

だから、今のうちに背伸びして、たまには「自分の人生の目的」について考えても面白いんじゃないかな。

どんなことだっていいと思うんだよ。

「でっかく生きていくこと」でも「正直に生きていくこと」でも「どんな状況でも楽しめる人間になること」でも。

それが、年齢を重ねるうちに変化していくのもおもしろいし、逆に中高生のときに立てた人生の目的を一生大事にして生きていくのも、なかなか素敵なことだと思わないか？

人生の完成図である「目的」について考えると、小さな失敗や挫折があっても、また成功を経験しても、浮足立つことがなくなる。動じなくなる。

目標にしていた大会や試験で思ったような結果が出なかったときに、例えば「自分はどんな状況であろうと堂々と生きていくこと」という目的に立ち返ると、無駄に落ち込むことがバカバカしくなる。

たとえ負けても「堂々としてること」という目的を果たしているんだから、それでいいんだよ。

要するに、「目的」を基準にすることで、冷静で客観的な判断をして、行動できるようになる。

そうなると、必然的に、失敗する確率は低くなるし、仮に失敗したとしても、傷口は小さくて済む。

だから、自分の人生の目的について考えるということは、「そのこと自体」が大切なのではなくて、できるだけ楽に、あくせくせずに、大きな気持ちで生きるための知恵でもあるんじゃないだろうか。

ポイント

若いときに「自分は何のために生きているのか」という人生の目的について考えることは決して無駄にはならない。

8　僕の黒歴史

さて、ここまで偉そうなことを書いてきたけど、「そう言うあなたはどうなの？」という疑問が出始めるころだと思う。

そこで、ここからしばらく僕自身のことを、まさに恥を忍んで書いてみようと思う。

僕にとってはまさに「黒歴史」の数々なんだけど、この本に書いていることのほとんどは、これらの「黒歴史」がベースになっているから、読んでみてほしい。


簡単に言うと、僕はある時期まで、ここに書いてきたことと全く逆のことをしてきた。


「事後性の克服」つまり、自分の未来について先回りして考えて行動することもない。

「目の前にある見たくないものを見ない」

「人に対しての本当の思いやりも理解していない」

「目の前の目標ばかり追いかける」


僕がこれまで偉そうに書いてきたことを、僕は少年時代だけならまだしも、大人になってからも実践できていなかった。

そんなことについて考える機会も必要もなかったと言ったほうが正確かもしれない。

こう書くと、単なるアホだったのか？と思うかもしれないけど、別にそこまでのアホではなかった（自分でそう思っているだけかもしれないけど）。

自慢みたいになるから詳しくは書かないけど、大学を卒業するまでは、まあそんなに悪くない人生だった。

両親のおかげで経済的にも恵まれていたし、勉強も部活（剣道）も、とりあえずは自尊心を満たすくらいの成績ではあったから、比較的順調と言って良かったと思う。

当時のことを今でもたまに思い出すけど、特に大学に入るまでは「いろいろあったけどここまで順調に来たから、これからも何となくうまくいくんじゃないか」と思ってた。

でも一方では、「このまま何の苦労もせずに生きていけるわけないな」とも薄々は感じていたことを、不思議と今でも覚えている。

なぜなら、自分が勉強や剣道で残してきた成績や立ち位置は、自身の努力で勝ち取ったものではないと気付いていたからだ。

言い換えれば、「自分は本当の努力をしたことがない」と自覚していたということだ。

いや、たぶん平均以上には頑張っていたと思うんだよ。

別に不真面目ではなかったし、自堕落な生活をしていたわけでもなかった。

でも、「これくらいの努力でうまくいくはずがないんじゃないか」と心の中では思ってもいた。

君たちの仲間にもいると思うんだけど、こう何というか、みんな口には出さないけども「あいつはすごい」と思わせる人がいるだろう？

それは、表から分かる努力をコツコツ続ける人であったり、たまに内に秘めた意志の強さを見せる人であったりと、タイプは様々なんだけど、誰もが一目置くという存在が周りにいないかな？

同級生にいないなら、先輩でも後輩でも思い浮かべてみてよ。


僕の周りにもいた。

「あぁ、あいつはすごいな。口ではバカにしてるけど、自分は負けてるな」

「あの先輩は、今は別に目立つ存在じゃないけど、コツコツ続ける力はすごいな」

そう思わせる人が確かにいた。


「今はたまたま自分の方が上にいるけど、将来はこの人に抜かれるかもな」

このことに気付いていながらも、また一方では「いや、大丈夫なんじゃないか。だって今までもうまくいってたんだから」と現実逃避していたことを、はっきりと覚えている。

まさに「見たくないものから目を背けていた」ということなんだよね。

だから、僕の「黒歴史」は、順調そうに見えた少年時代に、実はスタートしていたと言っていい。


「だろう運転」と「かもしれない運転」という言葉を聞いたことないかな？

「だろう」の方は、悪い意味の楽観視で、つまり自分の都合の良いように考える。

例えば、「この時間帯だから、誰も飛び出してこないだろう」という感じでクルマを運転するわけだ。

一方で「かもしれない」は、良い意味の悲観視、つまり自分に都合が悪いことを予測する。

「この時間帯でも、前に飛び出してくる人がいるかもしれない」という感じでね。

どっちが事故を起こす確率が高いか分かるだろう？


僕が後悔していること、恥じていることは、「だろう運転」はダメだと知っていながら、「かもしれない運転」をするべきだと気付いていながら、それを実行しなかったことだ。


放っておかれた子どもが、お菓子を食べ過ぎるのは仕方がない。

なぜか。子どもは食べ過ぎたらどうなるかを想像する力が乏しいからだ。

じゃあ大人が、食べ過ぎ飲み過ぎで体調を壊したらどうだろうか。

「自己責任だからその人の勝手」では済まされない。人間としての信用を失ってしまう。それを続けたらどうなるか分かっていてやるわけだからね。

僕の場合でも分かっていたことはたくさんある。

プライドや体裁にこだわって、地味な努力を継続できない。
自分がどれだけ恵まれているかに気付かない。
自分が正しいと思い込んで、周りの忠告を受け入れない。

ざっというと三十歳までの僕はこんな人間だった。

そして、さらに愚かだったのは、人生がひっくり返るような失敗をするまで、自分を変えようと思わなかったことだ。

ポイント

僕は三十歳を過ぎるまで中身が空っぽの人間だった！

9　僕の黒歴史　その2

僕は大学を卒業してからすぐに父が経営していた小さな建設会社で働き始めた。

父が脳梗塞という病気で倒れたからだ。

もし父が病気になっていなかったら会社に入ることはなかったと断言できる。

父は、僕が幼いころから「別に会社を継ぐ必要はない」と言っていたし、僕もあまり建設業に興味がなかったから。

でも、父が倒れたと聞いたとき、「これは自分が帰って会社を継ぐしかないな」と自然に思った。一瞬で決めた。

何でそう思ったのか。

単純に長男だからという義務感と、父が喜ぶと思ったということ、それに、「自分が会社の危機を救う」という、ヒロイズムともナルシシズムとも言えるような動機があった。

要するに「いい格好をしたい」と思ったということかもしれない。

だから、会社の業績とか状態なんかも事前に調べることなく入社した。


入ってみてビックリした。

とにかく会社にお金がない。

よく、お金がないことを「火の車」というけど、「炎の車」という状態だった。

入社して一週間後くらいに業界の会合があって、挨拶もかねて僕が行くことになったんだけど、行く直前までその月の手形が落とせるか分からなくて（手形が落とせないってことは倒産するということ）、正直なところ挨拶どころじゃなかった。

会合の途中で、ようやく「融資が下りました（お金が借りられました）」ってメールが来て、ホッとしたことを覚えている。

もう本当にマンガの世界だ。


社員は何も知らない、というか知らされてない。いや、知る気もない。

だから、普通に仕事をすれば問題ないと思っている。

父の弟（僕からしたら叔父）でナンバー2だった人は3か月後くらいに、ずっと経理を担当してきた女性も一年後くらいに、僕が入ると逃げるように辞めていった。

それはそうだろう。正しい判断だと思う（人間としての評価は別だけどね）。

経験のない船長の操縦する、沈みゆく船からは逃げ出すのが当然だ。


さて、そこから素人の僕が会社を運営することになった。

本当に色んなことがあった。色んなことを勉強させてもらった。

そして、結果としては七年半で倒産させてしまい、父も亡くなった。

まだ粘ろうとすればできないこともなかった。

でも、やっぱり気持ち的に「あ、もうここまでかな」というときが来る。

社員の中では珍しく（?）僕がやることをいつも応援してくれていた人が二人いたんだけど、その二人が、同じ日に亡くなったんだよ。

自分を応援してくれていた貴重な二人を、僕は同時に失ってしまったわけだ。

ひとりは病気療養中で、もうひとりは朝は普通に現場に行ったんだけど、その日の昼に突然倒れて、そのまま亡くなった。

あの日のことは今でもたまに夢に見る。

それから数か月後に倒産するんだけど、「あ、ここまでかな」と思ったのは、このタイミングだった。

穴が空いたバケツに水を貯めるには、穴を塞ぐ、そして水を注ぐというふたつの作業をやる必要がある。

会社というのは「生き物」だから、常に水（売り上げ）を入れ続けなければならない。

一方で、穴を塞がなければ（無駄な経費を減らしていかなければ）、その水が貯まることはない。

当時の僕には、このふたつの作業を同時に進めることができなかった。

自分で言うのもどうかと思うけど、努力しなかったわけじゃないんだよ。

給料は月に十万円。当然だけど社員の誰よりも安い。

出張のとき以外は毎朝誰よりも早く出社していた。

会社の運営システムを変えて、経費を削減し、利益も増やしていった。

それでも、「このやり方では根本的な解決にはならない」と気付いていたんだよね。

なぜなら、単に僕ひとりで進んでいただけだからだ。

社員からしたら、「苦労知らずの若社長がひとりで張り切ってるな」という感じだったと思う。

どんなにＡＩ（人工知能）や機械が進化しようと、会社は「人」が最も大切な資源だ。

だからどんなに立派で優秀なシステムを取り入れても、「人」が良くなければ立派で優秀な会社にはならない。

当時の僕もそのことに気付いていなかったわけではない。

それなのに、僕は根本的な解決策からは目を背け続けた。

簡単にいうと、社員を説得して「強いチーム」を作るよりも、システムを変えて手っ取り早く「目の前の利益」を上げられる道を選択し続けたということだ。

要するに、学生時代から何も変わってはいなかった、成長していなかったということだよね。

社員の人の意識を変えるためには、会社が置かれている状況を説明する必要がある。

そして、粘り強く説得しなければならない。当たり前のことだ。

だから、事あるごとに社員と話し合いを持った。

包み隠さず会社の状況も説明した。

それでも、うまくいかなかった。

いや、今考えると、うまくいくはずがなかった。

ここで気付かなければならなかったのは、「社員を変えたいのであれば、自分が変わらなければならない」ということだ。

僕は「自分は正しいことを言っているわけだから、変わるのはあなた方だ」と思っていたし、またそういう態度で接していた。

いくら正しいことを言っていても、立場が上でも、大学を出たばっかりの若造から一方的に「これまでのやり方ではダメだ」と言われたら誰でも腹が立つ。

人間は論理ではなく感情で動くことがほとんどだ。

僕は、自分のやり方がまずいのに、次第に社員を「敵」だと考えるようになった。

誰でも、相手のことをどう思っているかが態度に出てしまうときがあるよね。

そんな僕のことを社員が信頼するはずがない。

会社がうまくいかなくなった要因がたくさんあるんだけど、一番大きかったのは、やはり僕自身の人間的な力のなさだった。

要するに社長としてというよりは、人間としての「器」が足りなかったし、何より人間としての基本ができていなかったということだと今でも思う。

ポイント！

人間としての基本ができていなかった僕が失敗したのは当然だったのかもしれない。

10　天風先生

自分の欠点を分かってはいるのに直視せず、同じ失敗を繰り返した挙句、僕は三十二歳で会社を倒産させ大きな借金を背負うことになってしまった。

「なぜ自分が」

「こんなはずじゃなかった」

二年くらいはこう思っていた。

表向きは「たくさんの人に迷惑をかけたんだから、罪滅ぼしのためにもう一度頑張るしかない」と思ってはいても、心の奥底では、「自分は運が悪かっただけだ」という思いを捨て切れなかったんだよ。

経営が傾いた会社を素人同然の自分が任されて、社員も協力してくれない。

誰がやっても同じ結果になっていたはず。自分は悪くない。

こんな考えが頭から離れなかった。

その後は、会社の残務整理をしながら、パン屋さんで働いたり、自動車部品の工場で働いたりしてたけど、恥ずかしながらその間も「自分はこんなところで働く人間じゃない」と思っていた。

何しろ、自動車部品の工場では明らかに年下で、鼻にピアスをした金髪の人から怒鳴られたり、舌打ちされたりしながら働くわけだから、かなりのカルチャーショックだった。

「大学を出たからといって何でもできるわけじゃないんですね」

こんな皮肉をよく言われてた。


そんなときでも本だけはよく読んでいた。

別に勉強しようと思ったわけではなくて、単に本を読むことが好きだったから。

ある意味では現実逃避であったのかもしれないけどね。


中村天風先生の本に出会ったのもこのころだったと思う。

先に知っていたのは僕の弟で、彼から聞いてはいたんだけど、「ふーん」という感じで、そんなに気には留めていなかった。

仮に弟から薦められたときに読んでも、感じ方は違ったと思うんだけどね。

少し脱線するけど、本でも映画でも、接するときの年齢とか状況とかで印象や感想が変わるだろう？

受け止める自分の状況が違うから当然といえば当然なんだけど、やっぱり出会うタイミングは大事だと思う。もちろん人でもね。


中村天風って誰？と思っただろう。

一般的にはそんなに知られている人ではない。

でも、まさに「知る人ぞ知る」人であって、名前を書き連ねたらビックリするような人たちが天風先生の教えで救われたり、復活したりしてる。

天風先生の教えは非常にシンプルなんだよ。

どういうことかと言うと「いま生きている、そのことにまず感謝しろ」ということだ。

「もし今うまくいっていないのであれば、それは【お前の生き方は間違っているよ】と天が教えてくれてるんだ。だから、そのことに感謝しろよ」と天風先生は言う。

1か月くらいはずっと同じ本を読んでた。

まさに「自分に言われている」ような気がしたからだ。

天風先生の教えは別に宗教ではないから「神様」という言葉は使わない。

だからと言って神様を認めていないわけではない。

「神様は感謝をする対象であって、何か自分のことをお願いする対象ではない」と、これが天風先生の宗教に対する考え方なんだ。

それよりも「常に積極的な精神、考え方を持て」「心を強く持て」と言われる。

今こうやって書いていても、最初に天風先生の本を読んだときのことが思い出されて、心が熱くなってくる。

繰り返し書いてきたように、僕の失敗は自分の欠点を分かっていて、それを直さなければいけないと気付いていながら、放置して、同じ間違えを繰り返してきたところに原因がある。

そして、さらなる過ちは、失敗を繰り返すうちに、失敗の原因さえも忘れてしまって、挙句の果てには、「自分のせいではない」「自分は運が悪い」とさえ思うようになったことだ。

子どものころから人並み以上に恵まれた生活をさせてもらって、たくさんのいい人に巡り合い、多くの幸運があったにもかかわらず、挫折や「つまずき」があると自分以外に原因があると考える。

まさに、失敗する人の典型だ。

今さらだけど、自分のバカさ加減にあきれ返る他ない。

天風先生の教えについて、今の僕でも完全に理解できているわけではないと思うし、また実践できているわけでもない。

ただ、先生の本に出会ってから少しずつ「うまく生きていくコツ」を掴めている気がする。

「常に感謝と喜びを持って生きろ」

「身体が病にかかっても、心まで病ませるな」

「すべては心の持ち方で決まる」

誰にでもできるようで、誰にでもはできない。

簡単なようで、簡単ではない。

じゃあ難しいかと言われたら、できないことではないような気がする。


生きていると、周りで起こることばかりに気を取られて、気がつくと、自分で動いているつもりが、実は「動かされている」ことが多くないかな？

もちろん、すべて自分の思い通りに進めていくことはできないけども、よく考えてみると、「自分の心の状態は自分で決めることができる」ということに気付かないかな？

周りでどんなことが起こっても、「自分の心の状態は自分で決めることができる」だろう？

考えたら誰でも分かることなのに、ほとんどの人は周囲の状況に自分の心を「動かされて」はいないだろうか？

言い換えたら、「ふと感情に流されている」ということだ。


例えば、八月のある日。

天気予報では「今日も猛暑です。本当にうんざりですね」と言っている。

周りを見渡しても、「暑い、暑い、もういやだ」の大合唱だ。

そんなときに、周りに流されて「暑いな、いやだな」と思うのではなくて、「今日も太陽がギラギラしていて、元気が出るな！」と思いなさい、というのが天風先生の教えなんだよ。

全く同じ状況でも、自分の心の持ち方で全く違う情景が生まれるし、心身の状態も変わってくる。

繰り返すけど、僕もこのことを心掛けながら完全には実践できているわけではない。

でも、知っておくのと知らないのとでは、天地ほどの差があると思う。

自分の中に「確固たる指針」を持っておくと、仮に思いもよらない出来事でつまずいたとしても、すぐに立ち上がることができる。

宗教という言葉があるだろう？

あるお坊さんから聞いた話なんだけど、宗教という言葉で使われている「宗」という字には「中心」という意味があるらしいんだよ。

宗教というと何か難しいような、あやしいような感じがしてちょっと警戒する人もいるけども、決してそんなものではなくて、本来は「自分の中心を為す教え」という意味なんだと、そのお坊さんが教えてくれた。

何かを崇めたり、何かに頼ったりするのではなくて、「自分の中心を為す教え」という意味で宗教を考えると、生きていくうえで不可欠なものだと言っていいだろうね。

そう考えると、天風先生の教えは、僕の中での「宗教」と言っていいだろうと思う。

ここで天風先生の教えについてたくさんのことを書きたいけれど、今の僕の筆力ではその真髄を伝えきれない。

もっと天風先生の本を読み込んで、もっと生活の中で実践し、もっと文章力を磨いて、いつの日か天風先生についての本を書きたいと思っている。

ポイント！

最も苦しいときに「自分の中心を為すべき教え」と巡り合った僕は幸運だった！

11 守破離

僕は家庭教師として毎日生徒と勉強している。

その中で、最も大切にしている考えが「自立と自律」というもので、これは「親編」で繰り返し述べてきたから、あとで読んでほしい。

要するに、自分の足で立つこと、また自分で自分をコントロールできること、このふたつを備えた人間に育てることが、僕の家庭教師としての存在目的だということになる。

勉強でも様々なスポーツでも、やっぱり「向き・不向き」があるのは仕方がない。

「頑張れば何でもできる」というのは絵空事とまではいえないまでも、努力だけで何でもできると考えるのは早計というか、少し幼稚だと思う。

特にスポーツの場合、単に楽しむだけなら別だけど、競技でトップレベルを目指すとなれば、持って生まれた運動能力、言い換えれば才能が大きくモノをいう。

勉強でも、「大学受験」をひとつの「競技種目」と考えたら、要領の良さや理解の速さという面では、持って生まれた能力がアドバンテージになることは確かだ。

もっとも、受験勉強の場合は、その後の環境や出会う人、本人の努力で挽回することは充分可能だから、そこはスポーツと違う点だろうね。

いずれにしても、高校時代までに一般的かつ客観的な評価の対象になるのは大きく分けると、この「勉強かスポーツ」か、になる。

ところが、みんな当然知っていると思うけど、大学を卒業してからは、このふたつで評価されることはほとんどない（学問やプロスポーツの世界は別だけど）。

もちろん、就職するときに学歴やスポーツでの戦績が有利に働くことは大いにある。

でも、それだけだ。

その後の仕事での評価に反映されることは全くない。

だからこそ、どの職業でも、どんな場面でも、どんな年齢になっても通用する資質を身につけることが大事なのではないかと思うんだよ。

いや、大事だという以上に、社会に出て活躍するためには、必須の資質に違いないと思う。


僕が考えるその資質こそが「自立と自律」なんだよ。


ここでは「自立」について考えてみようか。

自立というと、一般的には「経済的な自立」だと考えられるだろう。

要するに、「自分で稼いだお金で生活している」ということだ。

でも、ここでよく考えてみてほしい。

自分の稼いだお金で家を借り（買い）、結婚し、子どもを育てるからといって、それが本質的な意味で「自立」していると言えるだろうか。

僕は、「自分の頭で考えられる」ことが「自立」の中で欠かせない条件のひとつだと思う。

「自分の頭で考える」というのは、簡単ではない。

インターネットを始めとした情報の洪水の中で生きる現代人にとってはなおさらのことだ。

さらに言えば、君たちはまだ法的には子どもで、大人の保護下にあるし、学校では先生から指導を受ける立場だ。

「○○は△△なんだ」と言われて、それを鵜呑みにするのも無理はない。

僕が小学生のときから剣道をやってきたことは先に述べたよね。

剣道からは学んだたくさんのことの中で、今でもたまに思い出す言葉がある。

「守破離」というんだよ。

この言葉は、武道だけに限らず、ひとつのことを修得するときの極意、法則について説明したもので、簡単に説明すると次のようになる。


まず、初心者から修行者は、師の教えや指導をひたすらに「守る」。

そして、ある水準に達したときに、あえて師の教えを「破ってみる」。

最終的には、師の教えを別の次元に昇華させて、「離れる」。


考えれば考えるほど、おもしろい言葉だと思う。

教えを「守る」ところは当然だけど、それを「破る」。

僕は、そのタイミングを「ある水準に達したとき」と書いたけど、その見極めが難しい。単に反抗することとは違うわけだからね。


僕は「破る」を「自分で考える」に置き換えると、この言葉の本質に近づくんじゃないかと思う。

親や先生から教えられたことをひたすらに守る時期は必要だ。

だけど、それだけでは成長することはできない。

いくらその教えが素晴らしいものであったとしてもね。

なぜなら、それはあくまで「他人のもの」だからだ。借りものだからだ。

いくらお手本が良くても、それを模写しているうちは、いくら出来がよくても模写に過ぎない。

したがって、その教えを守るだけではなく、それを自分なりに解釈し、改良し、検証しなければならない時期が必ず来る。

要するに、今まで受けてきた教え、考え方、価値観について、あえて反対の立場から考えてみる、批判的に考えてみるという試行だ。

前でも述べたとおり、この世の中にある考え方でも思想でも、「絶対に正しい」というものはひとつとしてない。

だから、前述したように「多面的に考える」ことや、自分が正しいと考えていることに対し、あえて反論や批判を加えてみて、それによって本当に正しいかを確かめるという意識を持ち、「自分の頭で考える」というクセをつけておくことは、「真の自立」のための必須条件であると言っていい。

言うまでもなく「知識がある」ということと、「自分の頭で考えることができる」ということは全く違う。

本を読んでいる、色んなことを知っているというのは何の自慢にもならない。

大事なのは、その先だ。

中高生というのは、子どもから大人になる間の時期だ。

だから、これまで無邪気に無批判に受け入れてきた教えやルールを「破る」。

言い換えたらそれらに対して「自分の頭で考え」て、本当に納得できるものなのかを確かめることは、「本当の意味で大人になる」ための訓練とも言えるんじゃないだろうか。

ポイント！

師や先生から言われたことを守っているだけでは、成長が止まってしまう！

12　〇〇から離れろ

もう少し「自立」について、続けてみよう。

「自立」というからには、論理的に「〇〇からの自立」ということになる。

では、この「〇〇」とは、いったい何のことだろうか？

未成年である君たちにとっては、やはり「親」だろう。

親には未成年である君たちを育て、教育を受けさせる義務が法律や憲法で定められている（いわゆる義務教育についても「親編」で書いたから、読んでみてもらいたい）。

二十歳になって「社会的に自立した」と考えられるまでは、君たちの生活費を稼ぎ、十五歳までは教育を受けさせるのが、親の務めだ。

したがって、親が君たちに「勉強しなさい」と言うのは、一応「正当な主張」であると言っていい（その裏にどういう考えや感情があるかは別にしてね）。

さらに言えば、親に扶養されている、言い換えれば「親の稼いだお金で育てられている」立場である以上は、親の指示に従うべきだという主張も完全に的外れであるとは言えない。

なぜなら、「親に育てられている」ということは、「まだ自分では正しい判断ができない」と同義であると考えられているからだ。

しかし、そうであるならば、逆に「自分で正しい判断ができる能力がある」場合には、いくら親に扶養されているとはいえ、親の指示をすべて聞き入れる義務はないという論理も成り立ちはしないだろうか？

そもそも、様々な場面における判断や決断が「正しいもの」であったかどうかは、あとになって分かることだよね。

「絶対に正しい」と思われた判断が、実は誤りだったという事例はいくらでもある。

だからこそ、自分の知識や経験・思考から可能な限り、先に起こるであろうことを予測して行動する「事後性の克服」が重要だと繰り返し述べてきた。

要するに、「やってみなければ分からないことを、やる前にどれだけ予測できるか？」ということだ。

話を戻そう。

親からの意見、指示、教え、小言、その他の干渉。

それらを「拒絶する」とまでは言わないにしても、中高生になってから徐々に親から離れることの正当性を論理的に説明することは可能だ。

何年か前までは、僕もそのことを生徒の親御さんに説明していたんだよ。

でもね、今はもうやらないことにしてる。

聞き入れない人が多いからやっても意味がない。

論理では理解できても、感情では分からないというのが愛情という心理の難しいところだよね。

では、僕が自立しろ、親からの干渉を避けろというのは、なぜか。

それは、単純に「親と子は全く別の人間だ」と考えるから。

親は、自分にとってのルーツであり、この世に生まれてから遺伝的にはもちろん、物理的、精神的に最も近い距離にいる存在だ。

そして、言うまでもなく「唯一」の存在でもある。

でも逆に考えれば、それだけでしかない。

当たり前だろ！　と思うだろうけど、親は、単に親でしかないんだよ。

導いてくれる存在でもなければ、自分にとって常にベストの判断をしてくれる存在でさえない。

さらに言えば、自分が出した指示や意見による結果には責任を持たない。いや、持てない。

断っておくが、これは何も親の存在を否定しているわけではないよ。

単純に、「自分の人生を、自分以外の人の指示や判断に委ねてもいいの？」という問いかけをしたいだけだ。

なぜこんな当たり前のことを、ここで強調するのかというと、僕がこれまで見てきた事例や、自分の経験から、「親離れ」より「子離れ」の方が難しいことを知っているからなんだよ。

逆に言えば、親が子どもの自立を促すよりも、子どもが自分で自立を選択する、つまり「子どもの方から離れる」ほうが簡単だということだ。

僕にもまだ小さいが子どもがいる。

自分もひとりの親として考えると「子離れ」は今から想像してもなかなか難しいことだと思う。

やっぱり親は「子どものため」と思って何かしらの手助けをしたいと思うものなんだよ。愚かなことだと分かっていてもね。

生徒と同じ数だけ親がいるわけだから、これまでたくさん見て親御さんと話してきたけど、「子離れ」が上手な人はかなり少ない。

いや、ほとんどいないと言ってもいい。

子どもに過度な干渉をせずにいられる人は、かなりの自制心を持っている人であり、忍耐強い人、簡単に言えば「賢い人」といえるだろうね。

スポーツ選手でも芸術家でも、政治家でも、親子で後世の評価に耐え得る実績や業績を残した人はほとんどいないよね？

会社を作って成功した人でも、ほぼ自分の子どもに後を継がせるけれど、成功した事例が多いとはいえない。

よくよく考えたら、自分が成功したからといって、自分の子どもが同じ能力を持つ可能性は低いことは分かると思うんだよ。

自分が築いた地位は簡単に得たものではないことも知っている。

並外れた努力や幸運なくして、成功はできないことも知っている。

それでも、自分の子どものことになると盲目になってしまうのが親なんだよね。

「この子ならできる」と思ってしまう。

それは愛情には違いないけれども、これまで何度も述べてきた通り、残念ながら親の愛情が子どもの幸せに繋がるとは限らない。

まだ親になったことがない君たちに、このことを知っておいてほしい。

そして、自分たち（子ども）の方から「親離れ」することの大切さに気付いてほしい。

親の存在が自分の中で大きければ大きいほど、「自分の頭で考える」ことができなくなる。

絶対にそうだとは言い切れないにしても、その可能性は高い。

つまり、親からの干渉、親への依存は、「真の自立」を妨げることにつながる。

「親から離れる」というと、親に申し訳ないな、と思うかもしれない。

親も寂しがるかもしれない。

でも、自分の子どもが「真に自立した人間」になることを喜ばない親がいるだろうか。

自分の足で立ち、世間にあふれる情報に流されず、常に自分の頭で考え、判断できる人間になることを望まない親がいるだろうか。

自分のことを最も愛してくれる人は誰だと思う？

恋人でも結婚相手でも自分の子どもでもない。間違いなく親だ。

だからこそ甘えたらいいと思うんだよ。

「甘える」というのは、決して頼るとか依存するとかの意味ではなくて、自分のやりたいようにさせてもらう、自分の主張を認めてもらうということだ。

初めは理解されないかもしれないし、心配して反対されることもあるだろう。

でも、君たちの「自立の意志」がしっかりしていることが分かれば、あとは必ず応援してくれる。

中には、僕がこうやって言わなくても、「親が言うことにはことごとく反発する」という人もいるかもしれないけども、僕はそれでも全く構わないと思う。

何も考えないで、親に従順でいるよりは、はるかにマシだ。


「自利利他」という言葉がある。

仏教の言葉だ。

「自分の利益のためにがんばることが（自利）、周りの幸せに繋がる（利他）」という意味だと僕は解釈してる。


誰かのために頑張ることも別に悪くない。

けれども、本当のところは人間誰でも自分が一番かわいい。

これはもう動かしようのない事実、というか人間の本能みたいなものだ。

だからそれはそれでいいじゃないか。

自分が頑張って、自分が喜ぶような結果が出たら、自分を愛する人も必ず喜んでくれるはずだ。

自分だって、愛する人に良い出来事があったらうれしいだろう？

だから、とにかくまずは自分のために頑張ってみようよ。

お釈迦様はたぶんこんなことを言いたかったんじゃないかと僕は思う。
単なる「きれいごと」ではなくて、人間の本能、本質を踏まえて諭してくれるのが仏教の素晴らしいところだ。

また少し脱線してしまった。

いずれにしても、「真の自立」というのは、人生の中で大きなテーマのひとつに違いない。
大人でさえ、見た目は自立しているように見えて、実は周りからの指示や情報に踊らされている人が大勢いる。
だからこそ、何かあるごとに「自分の頭で考えているか」「自分の意志を持っているか」を確認することが大切なんだよね。
そして、再三述べてきているように、その訓練を始めるのは若ければ若いほどいい。

ポイント!

「親離れ」することは自分のためでもあり、親のためでもある。

13 ヘリコプターの羽

「最近の若い人は……」

「僕たちが○○のころは……」

というのは年長者の決まり文句だ。

年長者というより、いつもこんなことを言いながらお酒を飲んでいるのは「自分の現状に不満を持ちながら、それを打開する努力をしていない人」と言ってまず間違いないと思う。

なぜなら、今が充実している人は、人のことなんか気にしないし、過去のことを気にしているヒマはないからだ。

さらに言えば、何か小さなことでも努力を続けている人は、他人の文句を言わない。

僕も、たまに他人のことをあれこれ言いたくなる、いや言ってしまうことがあるんだけど、そんなときはやっぱり自分がうまくいっていない、現状に不満を持っていることが多い。

もちろんその責任は自分にある。

いずれにしても自分以外の人のことについてあれこれ言うのは、人間としての未熟さを現していると言ってもいい。僕も大いに反省しなければいけない。

だから、そんな大人の言うことは聞く時間があるなら映画を観るなり、本を読むなりしたほうが何倍もマシだ。

前に述べたように、「反面教師」にはなるかもしれないけど、それ以上の意味はないからね。

もっとも、聞くに値する話をしてくれる大人もいないわけではない。

「聞くに値する話」の基準はどこにあると思う？

僕が考えるのは「おもしろいかどうか」だ。

「おもしろい」と感じる話には、必ず何らかの中身がある。

人間が「おもしろい」と感じるのは理屈じゃないからね。


さて、ここからが本題だ。

あえて、僕から見た若者の印象について書いてみよう。


僕は最近の中高生（若者）に対して、「賢いな」という印象を持つことが多い。

持ち上げているわけじゃないよ。

いい意味でも、悪い意味でも、僕らの世代より賢いと思う。

もちろんすべてがそうではないと思うけれど、僕らが中高生のころよりも「先のこと」を考えている人が多いのは確かだろう。

表向きは「おとなしい」「パワーが感じられない」という風に見られることもあるかもしれないけどね。

これを読んでいる君たちは、そう言われてどう感じる？

僕らの世代は上の世代から「賢い」と言われたことはないけれど、「おとなしい」とはよく言われていた（僕以外の人は「賢い」と言われていたかもしれないが）。

まあよくある話だよね。

「俺らのころはもっと○○なことをやってた」なんて武勇伝を聞かされることも多くて、実際に、「マジで？」と思うようなこともたくさんあったんだけど。

そこで、「オマエらは俺らと比べておとなしいな」と、こうなるわけ。

本当に若者の性質はどんどん「おとなしく」なってきているのだろうか。

そんなはずはない。

たった数百年で人間の性質なんか変わるものじゃないからね。

単に法律で規制されることが多くなってきたり、世の中の価値観が変化してきたりという事情で、若者の生態や見た目、行動が変化してきているに過ぎない。

要するに、「時代が違う」ということだ。

刀を腰に差して何かあればすぐに斬り合いをするということもなければ、国民の私権が国によって制限されることもない。

男女の権利や役割は平等・同等のものになり、学校現場では先生と生徒の関係も大きく変わった。

挙げていけばキリがない。

ひと昔前のように、中高生や大学生が街でバカをしていたのは、世間がそれを黙認、容認していたからに過ぎず、当時の若者にパワーがあって、今の若者にはないということでは決してない。

人間の価値観や行動様式は、時代の要請によって変わるということは歴史が証明してもいるし、逆に言えば、若者のそれは時代の姿を大きく反映するものに違いない。

したがって、今の若者は「賢い」のではなく、「賢くならざるを得ない」のだと僕は考えている。

さらに言えば、現代に生きる人は、若い人に限らず「賢くなければ生きていけない」時代に突入しようとしていると言えば、少し大げさだろうか。

「日本は素晴らしい国だ。まだまだ大丈夫だ」という人がいる。

「日本に未来はない」という人もいる。

これからの世界や日本がどうなるかを予想した本も山ほど出版されている。

どの意見が正しいのか、どの本に書かれていることが本当なのか、誰にも分からない。

こうやって偉そうなことを書いている僕にだって、未来がどうなるかなんて分かるわけがない。

ただ、ひとつだけ言えることがある。

それは、変化のスピードが「加速度的に上がっている、そしてこれからも上がり続ける」ということだ。

いつの時代も「昔の良さが失われてきている」とか「これからは厳しい時代だ」とか言われてきた。

そして、たぶん今この瞬間でも、そのあたりのオフィス、カフェ、居酒屋など色んな場所で同じようなことが、あちこちで話されている。

では、その人たちが本当にそう思っているかと言われたら、大変失礼だけど僕はそうでもないと思うんだよ。

なぜかというと、そんなにみんなが危機感を持っていたら、日本はこんな国になっていないはずだろう？

いや、危機感を持っていないのではなくて、スピードについていけないだけかもしれない。

ヘリコプターが地上にいるとき、羽が回っているのを見たことがない？

あれって、ゆっくり回っているように錯覚するじゃない？

あれと同じで、ものすごいスピードで回っているのは知識としては分かっているんだけど、そのスピードを実感できないんじゃないかと思うんだよ。

そういう意味では、若い人たちの方が変化への順応性が高いことは明白だ。

ＬＩＮＥにしてもＹＯＵＴＵＢＥにしても、若者が盛り上げて、大人はそれに乗っかった結果、今や「子どもから大人まで」、まさに「なくてはならない」ものになった。

こう言ったら失礼だけど、「ユーチューバー」なんて、三、四年前まではまだアヤシイ存在だった。

それがどうだ。

今では、市役所など公的機関でもＬＩＮＥを使っているし、農林水産省がＹＯＵＴＵＢＥを使って情報を発信していたのは大きなニュースになった。

ユーチューバーは今やスター扱いだ。

テレビは、テレビ局が制作した番組を見るためだけのものではなくて、自分が好きな映像を自分が好きなときに見るための「単なるディスプレイ」になった。

十年前にこんなことを予想していた人がいただろうか。

そして、繰り返すけど、これから先の十年を正確に予測できる人がいるだろうか。

「強いものが生き残るのではなく、変化に対応できるものが生き残る」という有名な言葉がある。

これは今の時代にこそ相応しい言葉ではないだろうか。

これまで、「変化を創造する」「先を読む」という能力は、成功者を目指す人に求められたものだった。

これからは違う。

ヘリコプターの羽のような速さで変化する現代では、この「変化に対応する」「先を読む」という能力は、人よりも秀でるためではなく、「普通に生きていく」ために、必須になる。

そういう世界になり、日本もそういう国になる。

いや、もうなっていると言っていいのかもしれない。

いま君たちが大切にしている価値観、例えば学歴や職業、進路の決定にしても、それが十年後も価値あるものだとは限らない（もちろんそれは君たちだけではなく、僕自身にも言い聞かせていることでもある）。

したがって、変化を恐れる、もしくは受け入れないことは大きな弱点になる可能性が高い。

日本には「持続の美徳」という伝統的な思想がある。

伝統を守ることと、新しい価値観に順応していくことは矛盾しない。

そして、何より、「いま」という時間もやがては伝統になるということ。

言い換えれば、僕たちはこれまでの伝統の上に、いまこの瞬間も「新しい伝統」を築いていることだ。

したがって「持続の美徳」という言葉の価値観も変化していって当然じゃないだろうか。

「持続している」というだけで価値があるという時代は終わりを迎えつつある。

残念な気がしないでもないけどね。

「持続しながら変化する」

「変化しながら持続する」

考えてみると、これが最も理に適った進化であるに違いない。

だから、自分が本能的に「イヤだな、無理だな」と思ったら、躊躇せずに、すぐ次のステージに進むのが、結果的に賢い選択になる可能性が高い。

それは必ずしも前のステージじゃなくてもいいんだよ。

横に飛ぶ、斜めに飛ぶ、場合によっては後ろに飛んでみても、ずいぶん違う景色を見られるはずだ。

そのような生き方を実践して「変化に対応してきた」という経験は自信に繋がるだろうし、その経歴もこれからの社会ではプラスに働くことが多いに違いない。

だから変化を恐れない、というより、変化を楽しんでみる。

この「変化を楽しめる人」こそが、これからの時代にマッチする人と言えるのかもしれないよね。


ポイント!

これまでの常識に縛られて変化を恐れる人は、あっという間に取り残される!

14　仕事

ここ十年くらいで流行している考え方に、

「好きなことをして生きていく」

「好きなことを仕事にする」

というものがある。関連本もたくさん出ている。


人間は誰でも仕事をしなければ生きていけない。

そして、ほとんどの人は「仕事＝きついもの」と思っている。

だから、「わざわざきつい仕事をしないで、自分の好きなことを仕事にすればいい」と言われたら、誰でも「いいな」と思うんだろうね。


僕はいま「好きなことを仕事にして生きている」と自信を持って言える。

でも、「好きなことをして生きていこう」と思って、今の仕事を始めたわけではない。

「好きなことをして生きていく」「好きなことを仕事にする」、これらを実現するにはふたつのアプローチがある。


ひとつ目は、言葉のまんまで、自分が好きなことや分野で仕事をしてお金を稼いでいくという道。

もうひとつは、何かの縁で始めた仕事をあとから好きになるという道だ。

結婚に似ている。

好きな人と結婚するか、結婚した人を好きになるか。

いや、嫌いな人と結婚するはずはないから、もちろん初めから好きではあるんだろうけど、結婚して一緒に生活していく中で愛情が深まってもっと好きになっていく、という夫婦は多いと思う。

逆も然り。

結婚当初は周りが羨むほどだったけど、時間が経つにつれて「あれ？」ということが多くなって、何となく続けている夫婦。最近ではあまりガマンせずに別れることが多いみたいだけど、結婚したときが絶頂で、そのあとは「何となく」結婚生活を続けている夫婦は想像するよりも多いはずだ。

これは結婚（というか男女の間）だけに限らず、友達関係や仕事での上司と部下の関係でもよくあるケースじゃないかな。

「この人についていこう」と思った上司が、実は思ったほどの人ではなかったとか、逆に「こいつはダメだな」と思った部下が予想以上に伸びていくとかね。

それだけ人間には色んな面があるということの証明でもあるんだろう。

そして、これは仕事にも当てはまる。

僕は「好きなことをして生きていく」「好きなことを仕事にする」というのは、なかなか難しいことだと思う。絵空事だと思う。

もちろん不可能ではないのだけど、確率の問題だよね。

歌手（今はアーティストと呼ぶらしい）や、お笑い芸人、プロスポーツ選手などは、まさに「自分の好きなことをして生きている」人たちだ。

夢を叶えてプロになれる人は、ほんの一握り。

そして、それらの道で成功する確率となると、限りなく小さい。

たとえ成功したとしても、その成功を継続できる確率はさらに小さくなる。

さらに言えば、成功を掴んだあとに「こんなはずじゃなかった」と思うこともあるはずだ。

「好きなことをして生きていく」とか「好きなことを仕事にする」、そしてそれをさらに継続していくというのは、想像するよりはかなり難しいことに違いない。

そして、傍目からは分からないほどの大きな代償、犠牲を払っているはずだ。

ほとんどの人は「何となく自分の好きな分野」を選択して働き始めるわけだけど、こちらも働き始めると「自分の思っていた仕事内容や環境ではなかった」というのはよく聞く話だ。

自分に合うと思って入った業界や会社で「こんなはずじゃなかった」というミスマッチが生まれるのは日常茶飯というか、誰にでもある。

自分の想像通りで楽しくて仕方がない、というほうが逆に不自然に感じるくらいだ。

僕が最近思うことは、一足飛びに成功しようとすると危ない、と言うか、年齢を重ねるごとに「少しずつ成功に近づく」というイメージでいった方がうまくいくんじゃないかということ。

安全策を取って、少しずつ進めと言いたいわけではないよ。

言い換えれば「好きなことを仕事にするよりは、就いた仕事を好きになる努力をした方が幸せになれる確率が高い」ということになる。

「さっきは、イヤだと思ったらすぐ次のステージに進むことを躊躇するなって言ってただろ！」という反論があると思う。

確かにそのとおりだ。

このあたりの決断はなかなか難しい。

僕が初めて働いたのは建設業界だったことはすでに述べたけど、やっぱり最後まで建設業が好きになれなかった。

もっと早く辞めた方が良かったとさえ思う。

苦労したからとかではなくて、仕事そのものが「性に合わない」と感じていたからだ。

建設業という仕事は、やりがいのある、世の中になくてはならない仕事だとは分かっていたんだよ。

自分の会社が作った道路や橋を通るときは喜びも感じていた。

それでも、仕事自体を好きになれなかったんだからどうしようもない。


ポイントになるのは、「意味のないガマンをするのは無駄だ」ということ。

ガマンを「努力」と言い換えてもいい。


例えば、対人関係、社内環境、業界の慣習。

自分の努力だけで改善するには限界がある分野があるだろう？

そんなものと格闘して、自分の貴重な人生の時間を費やす必要はないんじゃないかな。

ひと昔前は、それに耐えて自分の人間性を磨くという考えもあったし、僕もそれをすべて否定はしない。


でも、もうそんなことをやっている時代は終わった。

やりたいならやっても構わないけども、世界の変化が速過ぎて、気付いたら浦島太郎になっているのがオチだ。

結果的に「ガマンしたけど何も残らなかった」ということになる可能性が高くなる。

他方で、「仕事を好きになるための努力やガマン」は必要だと思う。

必要が言い過ぎだとしたら、「やってみて損はない」。

その仕事で幸せになりたいのであればね。

すべてが自分にピッタリで全く苦痛がない仕事など世の中にあるわけがない。

仮に最初はそう思ったとしても、徐々にイヤなところが見えてくる。

人間でも一緒だよね。

さっき例に挙げた結婚なんかは、考えてみると、仕事との出会いと同じような部分がたくさんある。

また同じような例えをするけれど、いくら好きで結婚しても、気になるところのひとつやふたつ必ず出てくる。

出てこなければ逆に不自然だ。

根本的な性格の不一致、価値観の違い、または相手の実家との関係がどうしてもうまくいかないなど、当人同士の努力、ガマンでは解決できないのであれば別れるしかない。

結婚に努力やガマンが不可欠なのは、結婚する前から分かっている（育ってきた環境が違うわけだから当然だよね）。

だけど、それはお互いが幸せな生活を求めている、かつ共通の目標があるからこそ必要なものだし、当人たちも納得しているガマンであり、努力だ。

単に世間体を気にして結婚生活を続けるためにガマンや努力をするのは無駄でしかない。

仕事でも全く同じじゃないだろうか？

給料が安いわりに、覚えないといけないことが多い。

福利厚生が同級生の勤めている会社より充実していない。

会社の知名度が低くて劣等感を持っている。

その他諸々、小さな不満なんて数えたらいくつでも出てくる。

これらの不満はなぜ出てくるんだろう。

「早く成功して周りに認められたい」

「早くお金持ちになりたい」

「周りから羨まれる存在でありたい」

こう考えると、現状に不満を持ちやすい。

そうじゃない？

ピカソって知っているだろう？

たぶん日本では最も有名な画家のひとりだろうと思う。

彼の作品は教科書にも出ているし、たくさんの場面で引用されるからほとんどの人が見たことあるはずだ。

いわゆる「キュビズム」といって、複数の視点から見たイメージを一枚の画で表現するという手法が、他の画家の作品と一線を画すものにしている。

だから、ピカソと言えば、「ちょっと変わった絵画を描いた人」という印象を持つ人が多い。

ところがね、キュビズムで表現されたピカソの作品は彼のほんの一面を現しているに過ぎないんだよ。

彼の少年時代のデッサンを見たら、後の独創的な手法の数々が、実は徹底的な基礎、基本的な技術に裏打ちされたものであることが分かる。

前に「守破離」という言葉について書いたけど、彼の技術はまさにそれを具現したものに違いない。

そして、何より彼の本当の才能を示しているのは「多作」だと僕は思っている。

彼は生涯に一万三千五百点の絵画のほかに、十万点の版画、三百点の彫刻を残している。

これは「最も多作な美術家」としてギネスに登録されている記録だ。

画家、芸術家というと、アトリエで難しい顔をしてキャンバスに向かい、じっくりと作品を完成させていくイメージがあるけど、彼の才能はそれさえも許さなかった。

とにかく描いて描いて描きまくる。

その中で偶発的に、あるいは必然的に傑作が生まれていったに違いないと僕は思う。


何が言いたいか分かるだろう？


十枚や二十枚、描いて傑作を生もうとするのは甘いんだよ。

あのピカソですら絵画だけでも一万三千点以上の作品を残している。

その中で傑作といわれるのが三百点あったとしても、その確率は２％ちょっとだよ。

だから、僕たちも何かひとつのことでも身につけたいのであれば、まずは「下手な鉄砲」をとにかく撃ちまくることを考えないといけない。

そして、一時的には「細く」でもいいから、とにかく「長く」、ダラダラとでもいいから続けてみる。

そうしたら、「いつのまにかできるようになっている」ことがたくさん出てくるはずだ。

これはお金でも友達でも、いくつものことに当てはまることなんだけど、短期間で身についたものは、短期間で失うことが多い。

勉強でも経験ない？

苦労して覚えたことや、長く続けていることはなかなか忘れない。

「覚えた、できるようになった」というよりは、まさに「修得した」という感じになる。

何かひとつでも「修得」できたら、その仕事が好きになる。

そう単純じゃないというかもしれないけど、それで嫌いになることはないだろう？

苦手な教科やスポーツでも、それ自体が苦手なのではなくて、「できないから苦手」になるんだよ、ほとんどの場合ね。

だから、逆に言うと「できるようになれば好きになる」ということにならないかな？


いくら時代が動くスピードが速いといっても、一足飛びに覚えられる仕事はない。

もし、あったとしても、そんな仕事は大した仕事ではない。

なぜなら、それは「誰でもできる」仕事だからだ。


仕事の報酬は、その人にどれだけ希少価値があるかによって決まる。

言い換えれば、「その人にしかできない仕事」があれば、必然的に報酬は高くなるということだ。

ピカソの絵は、ピカソにしか書けないから価値がある。

そのためには、僕たちもピカソほどはできないにしても、何かひとつでも「成功」を得たいのであれば、自分で選んだ仕事、縁があった仕事を夢中になってやる時期が必要なのではないだろうか。

繰り返すけど、途中で「早く成功したい」と思わないこと。

少しのことで、一喜一憂しないこと。

簡単に花を咲かすことを考えずに、下に根を張る時期を意識的に作ること。

そういう、何というか「どんな仕事にも共通するコツ」みたいなものを知っていれば、時間はかかっても成功できるだろうし、何より精神的に楽だろうと思うんだよ。

ポイント！

与えられた場所を好きになるという努力をしてみると、意外と大きなものを得られることがある！

15「頑張りどころ」はどこか？

鳥のヒナが卵から孵るときに、卵の中から殻をつつく。

親鳥もそのタイミングに反応して、外から殻をつつく。

早過ぎても遅過ぎても、無事に生まれてくることができない。

自然の摂理におけるこの絶妙なタイミングを表した言葉で、「啐啄同機（さいたくどうき）」というものがある。

実際に鳥類がこうやって孵化するのかは分からないけど、要するに人生における「タイミング」の重要性について説いた言葉なのだろうと思う。


改めて考えると「タイミング」というのは、僕たちの人生や生活の中でかなり重要な部分を占めていることに気付くんじゃないかな。

文字通り「時間のポイント」としてのタイミングも、また「時期」としてのタイミングも、それが物事の結果に大きく影響することは、まだ十数年しか生きていない中高生であっても経験として知っていると思う。


あそこであの人と会ってなかったら。

あのときにあの言葉を聞かなかったら。

あのときにあんなことを言わなかったら。

あのキツい時期がなかったら。

考えたらいろいろ出てくるはずだ。

僕らの人生は瞬間（タイミング）の積み重ねからできているわけで、そう考えると、その小さな瞬間が人生を左右しているのは当然だという気もする。

僕たちの日常には、人生を左右するような「タイミング」にあふれているけど、それに気付いていないだけなのかもしれないよね。

政治、経済、人間関係、受験、部活動などのスポーツ、ありとあらゆるものは「タイミング」に大きく左右される。

つまり、「どのタイミングで行動を起こすか」、さらに言えば「どのタイミングで頑張れるか」で、同じ行動や頑張りでも、結果は違ってくるということ。

そして、「備え（力を蓄えること）」なくしてベストなタイミングで自分の力を最大限に発揮することはできない。

言い換えたら、力を蓄える時期と、力を発揮するタイミングの両方を見極められれば、自分の思ったような成果が得られる可能性が高まるということだ。

「雌伏（しふく）」という言葉を聞いたことがあるだろう？

もともとは、屈服、服従して耐えながら力を蓄えるという意味だ。

要するに、自分が苦しいときや、満足できない状況でも静かに耐えて、来るべきチャンス（タイミング）に備える、ということだろうね。


「頑張りどころ」は誰にでも必ず来る。でもいつ来るか分からない。

だから難しい。


重要なのは、「頑張りどころ」が来たときに、目一杯の力で頑張れるかどうか。

さらに言えば、目一杯の力で頑張れるように「備えている」かどうか。


だから、どうしても頑張れない、頑張っているけど結果が出ないという場合でも焦る必要はない。


それはまだ人生における「頑張りどころ」が来ていないだけだ。

「ベストなタイミング」を待っている時期だ。

無理にでもそう考えたほうがいい。

どうしても前に進まない、進めないときにウジウジ考えるよりは、大きく構えておくほうがいいに決まってる。

来るべき「頑張りどころ」で力を発揮するための準備は怠らずに、じっとしておくべき時間、期間は誰にでもあるはずだ。

では「備え」とは具体的にどんな考えや行動を指すのだろう。

流行りの言葉で言うと「自己肯定」だと僕は思う。

単に「自分はできるんだ、大丈夫だ」と思うことではないんだよ。

本当の意味での自信を持つこと。自分を信じるということ。

自分を信じるっていうのは、簡単なようで実はなかなか難しい。

「自分はやれる」と思っていても、裏付けや根拠がなければ、それは幻想だ。

だから、「自分にしか分からない実績（成功体験）」をつくることが、本当の自信をつけるためには不可欠だと僕は思う。

ここでいう「実績」は、客観的な評価が得られる「成功」である必要はない。

あくまで、「自分の中での実績・成功」だ。

例えば、腕立て伏せを毎日必ず10回、一年間休まずに続ける（筋トレは精神的な安定や、受験勉強にも有効だ）。

また例えば、英単語帳を毎日休まずに開いて、一年間で単語帳一冊を完璧に覚える。

一年間、一日も休まずに何かを続けたことある？

何でもいい。

とにかく何かひとつ、一年間休まずに続けてみてよ。


本当に自信がつく。

色んなことが変わって見えてくる。

難しいけれど、だからこそやってみる価値があると思わないか？

これまで何人もの人に「自分だけで、一年間、一日も休まずに何かを続けたことありますか？」と聞いたけど、やったことがある人はひとりもいなかった。


腕立て伏せで筋力をつける、英単語帳一冊を完璧に覚えるという、そのこと自体が目的ではないということは分かるよね？

誰にも強制されることなく、自分の本当の姿や性格、本気度を見極めるためにやるんだよ。

自分のことを書くと自慢みたいになるけど、僕は今から十年くらい前、いちばんキツかったころに「毎日欠かさずに考えたことを文章に書いてみよう」と思って、一年間、本当に一日も休まずに書き続けたことがある。

どんなに気分が乗らなくても、酔っぱらって帰ってきても、イヤなことがあっても、とにかく毎日書いた。書き続けた。

「もしこれを休まずに続けられたら、自分は変われるかもしれない」と思ったからだ。

コツコツやることが苦手で、口では大きいことを言うけど行動がいまいち伴わない。

思い通りにいかないのは周りのせいだと思っている。

いつも自分は悪くないと思っている。

そんな自分を変えるには、これまでやれなかったことをやるしかないと考えた。

別に文章を書くことを仕事にしようと思って始めたわけではないんだよ。

ただ、自分が本当はどんな人間なのか試したい、本当の自信をつけたいと思っただけで、別に「文章を書く」という行為はその手段だったに過ぎない。

一年間やって何が変わったかと言われても、周りから見て変ったところは別にないだろうと思う。

でも何というか、「自分で自分のことを見直した」という気がした。

別に大したことをやったわけではないけど、「一年間、自分との約束を守り通した」ということが、本当の意味で「自分を信じる」ことの根拠になったのは間違いない。

「自分を信じる」といっても、その根拠があるのとないのとでは大きな違いがある。

思いがけないタイミングで「頑張りどころ」がきたとき、「あのとき自分ひとりで頑張れたんだから」というのは、そこで力を発揮できる本当の自信に繋がるに違いないと僕は思う。

だから、やりたいことが見つからない、挫折して目標を失った、結果がなかなか出ない、そんなときでも焦らずに、来るべき「頑張りどころ」、言い換えれば「自分の時」を待つ。

待っているときは、周りのことは気にせずに、自分と戦いながら、備える。

シェイクスピアという人がいた。

演劇や戯曲に興味がない人でも、名前くらいは知っているはずだ。

そのシェイクスピアの言葉でこういうものがある。

「人々の運命には満ち潮と干き潮がある。この潮勢を機敏にとらえる者のみ、よく幸福の彼岸に達する」

シェイクスピアほどの人でも、よいタイミング、チャンスばかりに恵まれていたわけではないことが、この言葉から分かる。

別の見方をすれば、シェイクスピア自身が、「自分はタイミング、つまり、頑張りどころを間違えなかったから成功できた」と言っているのではないだろうか。

「子どもたちへ」の冒頭部分で、僕は「とにかく自分を信じろ。あきらめるな」と書いた。最後にもう一度書いておきたい。

今がどんな状況にあろうと、自分を最後まで信じろ。あきらめるな。

どんな人間にも必ずタイミングが巡ってくる。「頑張りどころ」がくる。
逆に、今うまくいっているからといって、将来までうまくいくとは限らない。
だから、常に備えだけはしておこう。

そうやって過ごしていれば、タイミングに恵まれないときであっても、自分のことを肯定して生きていけるはずだ。

ポイント!

「自分との約束を守る」ことで本当の自信がつく。それが「備え」になる。

あとがき

人間のみに許された特権として、よく言われるのは【笑うこと】と【自殺すること】です。

私はこれにもうひとつ加えたいと思います。

それは【哲学すること】です。単純に【考えること】といってもいい。


では【哲学する】とはどういうことでしょうか。

何について考えるのでしょうか。

私は、「幸せに生きていくにはどうすればいいかを考える」のが哲学だと思います。

自分がこれまで生きてきた道を思い返し、これから生きていく道について思いを巡らす動物は人間以外にいません。

逆に言えば、「考える」という行為を、たとえ無意識であっても放棄するということは、人間に生まれたという幸運を自ら放棄しているということに他ならないのです。

とは言え、その特権を与えられた人間にとっても、実は「考える」という行為はなかなか難しいのはこれまで繰り返し述べてきた通りです。

話が少し逸れますが、ここ三十年ほど、新しい政権が誕生するたびに、そのすべての内閣で「少子化対策」が重要政策として掲げられてきました。

にもかかわらず、ここ数年の人口減少は恐ろしいほどのスピードで進んでいます。

これはまだ予測に過ぎませんが、二〇二二年は出生数が八十万人を割り込む可能性があるそうです。

年齢別の人口に目を移すと、働き盛りの四十八歳が約二〇〇万人、三十七歳が一五〇万人、そして、二十二歳になると一二四万人しかいません。

つまり、大学を卒業して働き始める人たちの数は四半世紀で40%も減ったことになります。

日本経済の低迷が指摘されながらも、失業率が上がらなかったのは、この労働人口の大幅な減少が大きく影響しているという側面もあるのではないでしょうか。

ここで私が言いたいのは、「日本をどうにかしなければならない」とか「政治を変えなければならない」ということではありません。

自国の政治や政治家を批判するのは、天に唾する行為であって、国のためになる政治家を育てるのは国民の権利であり、また義務でもあるに違いありません。

とは言え、これから国民の政治参加が増え、有能な政治家が増えたとしても、政治の力で国が勢いを取り戻すには、日本は成熟し過ぎています（もちろん悪い意味においてです）。

ましてや、少子化などは、よほどドラスティックな政策を実行しない限り克服することは不可能であり、仮に有効な政策が実行されたとしても、効果が現れるのは短く見積もって三十年はかかります。

私は日本国民として国の繁栄を願う気持ちを強く持っています。真に有能な政治家に強いリーダーシップを発揮してもらい、国を引っ張っていってもらいたいとも思っている。

しかし、現実的には非常に難しいのではないかと思わざるを得ません。

政治家が有権者をバカにしていると思う一方で、有権者も、もはや政治家に期待してはいません。各選挙の投票率を見れば、それは明らかでしょう。

与野党問わず、政治家は、未来に希望が持てるような政策を有権者に提示する他に、目の前の金銭的な果実を提示しなければ支持を得ることが難しくなりつつあります。

これは、言うまでもなく、有権者の良識・見識が失われていることの証左でもあります。

つまり、残念ながら、国の存在や制度・仕組みによって、私たちが幸せになれる時代は、すでに終わってしまっているということです。

言い換えれば、一人ひとりが、自分の責任において幸福を追求する時代にきている。

さらに言い換えれば、一人ひとりが、「自ら考えなければならない時代」になったとも言えそうです。

もちろん、一人ひとりの中には、大人だけではなく子どもも含まれています。

国家の要件は主権・領域・国民であり、その国民を国民たる存在にするのは教育です。私は、現在の日本の学校教育を批判する気は全くない。そもそも完全な教育システムなどあるはずがないので、批判しても意味がありません。それよりも、現在の教育システムを利用しつつ、「自らで考える」クセをつける方が建設的ではないでしょうか。

イギリスの歴史家であるトレベリアンは、国家による近代教育の盲点をついた次のような言葉を残しています。

「教育は、本を読むことはできるが、どの本が読む価値があるかを見分けることができない人口を増加させた」

学校は「本を読みましょう」とは言ってくれますが、「どの本に読む価値があるのか」を教えてはくれません。

当たり前です。本の価値は、人によって変わります。

仮に、学校の先生が「この本は読む価値がある」と言っても、それが全員に当てはまるわけではありません。

したがって、いくら優れたシステムがあり、教師がいたとしても、最終的には「自分で考える」しかないのです。

では、どうすれば「自分で考える」、つまり「自立し、自律できる人間」を育てることができるのだろうか。

その疑問について、自分で「考えた」結果がこの本です。

子どもにあれこれ言う前に、まずは自分（親）自身が幸せに生きなければならない。

そして、子どもは何があってもあきらめずに自分の力を信じてほしい。

自分の力を信じるに足りるような、工夫、努力、経験をしてほしい。

繰り返しますが、私は日本の国民として、日本の繁栄を願っています。

国家の最小単位は国民です。

日本人のひとりでも多くが、自分自身の幸せについて、自分自身の頭で、真剣に「考える」ことが、日本を魅力的な国にするための、最も簡単で、最も確実な方法ではないでしょうか。

少なくとも私自身は、これからも生徒と学ぶ毎日の中でそれを実践し体現していこうと思います。

〈著者紹介〉

石川幹裕（いしかわ もとひろ）

1978（昭和53）年、宮崎県生まれ
立命館大学法学部卒業
卒業後、家業（建設業）を継ぐが約７年で倒産させてしまう。
その後、パン製造業、自動車部品工場などを経て塾講師となり、３年半でプロ家庭教師として独立。大手家庭教師サービスからの夏期・冬期講習の講師も依頼されている。
これまで様々なタイプの生徒を指導し、途中解約率はわずか３％。
入試以外での相談や依頼も多数で、常時キャンセル待ちとなっている。

99%の親子《おやこ》が知《し》らない
人生《じんせい》が変《か》わる！　新《しん》・教育論《きょういくろん》

2023年2月28日　第1刷発行

著　者　　石川幹裕
発行人　　久保田貴幸

発行元　　株式会社 幻冬舎メディアコンサルティング
〒151-0051　東京都渋谷区千駄ヶ谷4-9-7
電話　03-5411-6440（編集）

発売元　　株式会社 幻冬舎
〒151-0051　東京都渋谷区千駄ヶ谷4-9-7
電話　03-5411-6222（営業）

印刷・製本　中央精版印刷株式会社
装　丁　　野口　萌
装　画　　赤倉綾香（ソラクモ制作室）

検印廃止

Printed in Japan
ISBN 978-4-344-94333-9 C0037
幻冬舎メディアコンサルティングＨＰ
https://www.gentosha-mc.com/